burda

KOCHBUCH K 135

Redaktion: Veronika Müller
burda Kochstudio: Ernst Birsner
burda Fotostudio: Gerd Feierabend
Grafische Gestaltung: Ulrich Hagen Müller
Einbandgestaltung: Norbert Schäfer
Projektleitung: Helga Burg
Druck: Reiff-Druck, Offenburg
Printed in West Germany

ISBN 3-920158-73-3

burda

Schwäbisch-alemannische Küche

INHALT

Die schwäbisch-alemannische Küche

. . . paßt eigentlich nur schwer in einen Topf. Deftig, solide ist die Kochkunst des zuverlässigen, fleißigen, sparsamen Schwaben. Auf der badischen, der alemannischen Seite ist man sinnesfroher und experimentierfreudiger, was nicht selten kulinarische Höhepunkte zur Folge hat. Aber trotz aller Differenzen gibt es traditionelle Verbindungen, und kaum jemand wird es leugnen, daß nirgendwo sonst in Deutschland so gut gekocht wird wie auf beiden Seiten des Schwarzwalds.

Einst saßen sie am Mare Suevicum, dem von den Römern so benannten Schwäbischen Meer. Heute trägt der Bodensee diesen Namen, damals handelte es sich jedoch um die Ostsee.

Und von dort zogen die suebischen Semnonen – sei's des schlechten Wetters oder langanhaltender Mißernten wegen – im dritten Jahrhundert nach Christi gen Süden, um sich so nach und nach am Neckar, von der Donau bis zu den Alpen und in den Vogesen im früheren Siedlungsgebiet der Kelten niederzulassen. Später drangen sie gar bis nach Oberitalien vor. Sie selber nannten sich zu dieser Zeit Alemannen oder Alamannen, was eigentlich nicht mehr bedeutete als „alle Männer", und was wohl andeuten sollte, daß es sich hier um ganze Kerle handelte, die fest zusammenstanden.

Nachdem sie sich endgültig niedergelassen hatten, was nicht ohne ein gewisses Durchsetzungsvermögen geschah, neigten die Nachbarn jedoch dazu, nach gut römischer Tradition aus den Alemannen Schwaben zu machen, zumindest was die Namensgebung betraf.

Und Schwaben blieben sie nun allesamt für eine ganze Weile, bis sich dann die Urväter der heutigen

Schwaben doch mehr jenen geistigen Strömungen verbunden fühlten, die von den damaligen deutschen Hochburgen der geistigen Wissenschaften und religiöser Veränderungen ausgingen, während die Bewohner des Gebiets, das wir heute als alemannischen Bereich einordnen, sich mehr dem westlichen Einfluß, der aus Frankreich und aus der Schweiz kam, unterwarfen.
„Schwabe ist, wer schwäbisch spricht", so klar und einfach definierte es einmal der große Schwabe Thaddäus Troll. Mit den Alemannen ist es jedoch nicht so einfach. Ihr Lebens- und Sprachraum umfaßt das Elsaß, die deutschsprachige Schweiz, Vorarlberg und einen großen Teil von Baden. Das kompliziert die Sache – auch für die Zusammenstellung eines Kochbuchs – ganz ungeheuer. Darum haben wir uns, was das Alemannische in diesem Buch betrifft, auf das Badische beschränkt, zumal Badener und Schwaben nicht, wie in Unkenntnis oft behauptet wird, Vettern, sondern Brüder sind, wenn auch vielleicht ein wenig verschieden. Und so verschieden sind trotz einiger Gemeinsamkeiten auch die Küchen.
Doch ein herausragendes verbindendes Element gibt es: Die Spätzle oder Spatzen oder Knöpfle, wie sie je nach Gegend genannt werden. Und nirgendwo in Deutschland gibt es ein so inniges Verhältnis zu Teigwaren wie hier.
Aber auch in der Vorliebe für Wild, für Gemüse und vor allem für Desserts und Kuchen sind sich Schwaben und Alemannen gleich. Der Unterschied „stecket im Detaille": In Schwaben die gutbürgerlich-deftige Küche, in Baden alles ein wenig feiner und edler, mit dem deutlichen Einfluß der Nachbarn in Frankreich und der Schweiz.
Aber in einer Sache wird weder hüben noch drüben gestritten: Wer gut ißt, soll auch gut trinken! In Schwaben wie in Baden werden hervorragende Weine angebaut, die selbst von „sparsamen" Hausfrauen zum Kochen verwendet werden, wenn sie mit Liebe kochen. Denn sogenannte Kochweine, also Billigprodukte, die zwar Promille aber kein Aroma ans Gericht abgeben, werden hier ganz und gar nicht geschätzt.

Kerbelsuppe auf alte Art
Rezept nächste Seite

Ohne sie
wäre die badische
Küche arm und
die schwäbische gar
nicht denkbar:

Suppen und Eintöpfe

Kerbelsuppe auf alte Art

4 Portionen à ca. 1335 kJ (320 kcal)

2 große Bund Kerbel,
1 kleine Zwiebel,
60 g Butter,
30 g Mehl,
1½ l kräftige Fleisch- oder Knochenbrühe,
2 Scheiben altbackenes Weiß- oder Toastbrot,
2 Eigelb,
6 Eßl. dicke saure Sahne,
Salz,
weißer Pfeffer aus der Mühle,
1 winzige Prise Zucker.

(Foto Seite 8/9)

Kerbel abspülen und gründlich trockenschwenken. Am besten anschließend noch mit Haushaltspapier vorsichtig trockentupfen. Einige der Blättchen zum Garnieren zurückbehalten und den Rest hacken.
Die Zwiebel schälen und ganz fein hacken. 30 g Butter in einem Topf erhitzen und die Zwiebel darin goldbraun braten. Den Kerbel dazugeben und einige Sekunden dünsten. Danach das Mehl in den Topf schütten und unter Rühren ganz mit Fett aufsaugen lassen. Alles mit der Fleischbrühe unter Rühren ablöschen und dann bei ganz milder Hitze 8 Minuten köcheln lassen.
In der Zwischenzeit das Weißbrot in etwa 1 cm große Würfel schneiden und in der restlichen Butter goldbraun rösten.
Eigelb und Sahne verquirlen.
Die Suppe vom Herd ziehen, mit der Eigelb-Sahne legieren, mit Salz, Pfeffer und Zucker abschmecken. In eine vorgewärmte Terrine füllen, mit den Brotwürfeln bestreuen und mit den zurückbehaltenen Kerbelblättchen garnieren.
Dazu keine weiteren Beilagen servieren. Als Vorspeise ist die Suppe für 6–8 Personen ausreichend.
Variation: Besonders fein wird die Kerbelsuppe, wenn man sie, statt mit Brotwürfeln zu bestreuen, mit einem großen Klecks geschlagener Sahne krönt. Dann wird ofenfrisches Stangenweißbrot dazu gereicht oder man serviert ganz frische Käsestangen.

Geröstete Grießsuppe

4 Portionen à ca. 1975 kJ (470 kcal)

1 Zwiebel,
1 Bund Suppengrün,
40 g Butter,
3 Eßl. sehr gutes Speiseöl,
125 g Hartweizengrieß,
1½ l selbstgekochte Rindfleisch- oder Knochenbrühe,

Zwiebel schälen und fein hacken. Das Suppengrün putzen, waschen, abtropfen lassen, in kleine Würfel schneiden.
Butter und Öl in einem großen Topf erhitzen. Die Zwiebeln und das Gemüse darin glasig braten. Dann den Grieß dazugeben, unter Rühren goldgelb rösten. Die Brühe einlaufen lassen und bei nicht zu starker Hitze langsam zum Kochen bringen. Dabei häufig umrühren. So lange köcheln lassen, bis der Grieß ganz ausgequollen ist. Die Suppe mit Salz und Pfeffer pikant abschmecken. Vom Herd nehmen. Eigelb und

Salz,
weißer Pfeffer aus der Mühle,
2 Eigelb,
1 kleiner Becher süße Sahne (100 g),
½ Bund Schnittlauch.

Sahne verquirlen und die Suppe damit legieren. Abgespülten und trockengeschwenkten Schnittlauch in feine Röllchen schneiden. Suppe in eine vorgewärmte Terrine füllen, mit dem Schnittlauch bestreut auftragen. Dazu Salzbrezeln oder Speckbrötchen servieren.
Variation: Statt Weizengrieß kann man auch den sehr wohlschmeckenden Grünkerngrieß verwenden. Man bekommt ihn im Reformhaus oder in Alternativläden.

Tip *Wer die Suppe dunkler möchte, sollte zuerst den Grieß kräftig anrösten, dann erst Zwiebel und Suppengemüse dazugeben. Gut schmeckt es auch, wenn man mit einem Hauch Knoblauchsalz würzt.*

Brotsuppe mit Sahne

4 Portionen à ca. 1650 kJ (395 kcal)

200 g altbackenes, dunkles Roggenbrot ohne Kruste,
1½ l beliebige selbstgekochte Brühe,
Salz,
weißer Pfeffer aus der Mühle,
¼ l süße Sahne,
1 großes Ei,
geriebene Muskatnuß,
1 Eßl. gehackte Petersilie.

Das Brot in möglichst dünne Scheiben schneiden und in einen großen Topf schichten.
Die Brühe zum Kochen bringen und über das Brot gießen. Einmal kräftig durchrühren und die Mischung mit Salz und Pfeffer pikant würzen. Bei nicht zu starker Hitze 15 bis 20 Minuten kochen lassen. Das Brot muß ganz weich sein. Suppe vom Herd nehmen und in dem Topf mit dem Schneebesen oder Rührstab des Handmixers so lange schlagen, bis die Suppe ganz glatt ist.
Dann wieder auf den Herd stellen und noch mal bis kurz vorm Kochen erhitzen.
Die Sahne und das Ei gründlich verquirlen und in die Suppe rühren.
Diese jedoch nicht mehr aufkochen lassen. Mit Muskatnuß abschmecken und wenn nötig mit Salz und Pfeffer nachwürzen.
Mit Petersilie bestreut servieren.
Zu der Suppe schmeckt ein kräftiger, trockener Weißwein.
Variation: Statt Roggenbrot Weißbrot verwenden. Mit Milch und Wasser zu gleichen Teilen kochen, mit Vanillezucker, Zucker und 1 Prise Salz würzen. Nach Belieben Rosinen dazugeben.

Tip *Wem die Suppe zu dick ist, der kann sie mit Brühe und Sahne oder mit Milch verdünnen.*
In einigen Gegenden schätzt man diese Suppe knoblauchduftend. Dann 2–3 möglichst frische Zehen durch die Presse drücken oder mit einem Messer musig drücken und vor dem zweiten Erhitzen an die Suppe geben.

Grünkernsuppe

4 Portionen à ca. 1540 kJ (370 kcal)

125 g Grünkern (ganzes Korn), 1 kleine Zwiebel, 50 g Butter, 2 kleine Stangen Lauch (Porree), 1½ l kräftige Rinderbouillon, 100 g fertig gekaufte Markklößchen, 2 Eigelb, ⅛ l süße Sahne, geriebene Muskatnuß, 2 Eßl. gehackte Petersilie.

Grünkern verlesen, waschen und auf einem Sieb abtropfen lassen.
Zwiebel schälen, fein hakken und in der heißen Butter glasig braten.
Grünkern einstreuen und unter Rühren etwa 2 Minuten anschwitzen lassen.
Den zuvor geputzten, in dünne Ringe geschnittenen Lauch dazugeben und 30 Sekunden dünsten.
Mit 1 l Bouillon ablöschen und bei milder Hitze im offenen Topf 50 Minuten köcheln lassen.
In der Zwischenzeit die restliche Bouillon bis kurz vorm Kochen erhitzen und die Markklößchen darin in etwa 5 Minuten garziehen lassen.
Dann Bouillon und Klöße zu der Suppe geben.
Eigelb mit der Sahne verquirlen und auch hineingeben. Mit Muskatnuß abschmecken und mit Petersilie bestreut servieren.
Dazu frisches Weißbrot reichen.
Hinweis: Markklößchen gibt es oft beim Fleischer fertig zu kaufen. Wer sie jedoch selber zubereiten will, findet das Rezept auf Seite 23.

Riwelesuppe

4 Portionen à ca. 1180 kJ (280 kcal)

125 g Mehl, 2 Eier, ¼ Teel. Salz, 1 kräftige Prise Pfeffer, 1 Msp. geriebene Muskatnuß, 2 l beliebige selbstgekochte Bouillon, Mehl zum Ausrollen, 1 Eigelb, 4 Eßl. süße Sahne, ½ Bund Schnittlauch.

Mehl in eine flache Schüssel geben, in die Mitte eine Vertiefung drücken und zwei aufgeschlagene Eier, Salz, Pfeffer und Muskatnuß hineingeben. Mit einer Gabel von der Mitte her die Eier verquirlen und mit dem Mehl mischen.
Den Teig dann einmal kräftig durchkneten wie für Nudelteig.
Die Bouillon zum Kochen bringen.
Den Teig so zwischen den leicht bemehlten Handflächen reiben, daß winzige dünne Nudeln (Riwele) entstehen. In die kochende Bouillon gleiten lassen und in etwa 10 Minuten garen, bis sie nach oben steigen.
Die Suppe vom Herd nehmen. Eigelb und Sahne verquirlen und die Suppe damit legieren. In eine vorgewärmte Terrine füllen und mit Schnittlauchröllchen bestreut servieren.
Dazu das Fleisch reichen, aus dem die Bouillon gekocht wurde.

Grünkernsuppe

„Aufgezogene" Suppe

4 Portionen à ca.
1850 kJ (440 kcal)

**2 altbackene Brötchen,
5 Eier,
1 Becher süße Sahne (200 g),
Salz,
geriebene Muskatnuß,
Butter zum Einfetten,
je 1 Bund Petersilie und Schnittlauch,
1½ l selbstgekochte Bouillon (z. B. Braune Saftbrühe, siehe nächste Seite),
3 Eigelb,
4 Eßl. saure Sahne oder 3 Eßl. Crème fraîche.**

Die Brötchen mit einer Küchenreibe leicht entrinden und dann in etwa 5 mm dicke Scheiben schneiden.
Die Eier mit der Sahne gründlich verquirlen und pikant mit Salz und Muskatnuß abschmecken.
Eine kleine, aber hohe feuerfeste Form reichlich mit Butter einfetten.
Petersilie und Schnittlauch abspülen, trockenschwenken und hakken bzw. in Röllchen schneiden.
Mit Sahne-Ei-Mischung beginnend diese, die Brötchenscheiben und die Kräuter in die Form schichten. Etwa 10 Minuten stehen lassen, damit die Brotscheiben ganz weich werden. Die Form in den vorgeheizten Backofen (200°, Gas Stufe 3) schieben und die Mischung in etwa 30 Min. stocken lassen.
In der Zwischenzeit die Bouillon bis kurz vorm Kochen erhitzen. Eigelb mit der sauren Sahne gründlich verquirlen. Die Bouillon damit legieren.
Aus der Auflaufmasse mit zwei Teelöffeln kleine Klößchen abstechen und in eine vorgewärmte Terrine füllen. Mit der heißen Bouillon übergießen und sofort servieren.
Ohne weitere Beilagen als Hauptgericht reichen.
Als Vorsuppe ist die angegebene Menge für 8 Personen ausreichend. Dann sollte man sie jedoch in Suppentassen anrichten.

Gebrannte Mehlsuppe

4 Portionen à ca.
1710 kJ (410 kcal)

**80 g Butter,
60 g Weizenmehl,
1¼ l Fleischbrühe (am besten selbstgekocht),
Salz,
weißer Pfeffer,
geriebene Muskatnuß,
8 Scheiben Stangenweißbrot,
40 g Kräuterhartkäse (Schabziger),
2 Eigelb,
3 Eßl. süße Sahne.**

60 g Butter in einem Topf erhitzen, das Mehl hineinschütten und unter ständigem Rühren goldbraun rösten (nicht dunkler!).
Die Fleischbrühe einlaufen lassen, dabei ständig mit einem Schneebesen rühren, damit sich keine Klumpen bilden.
Die Suppe mit Salz, Pfeffer und Muskatnuß pikant abschmecken, dann bei milder Hitze in etwa 30 Minuten garen. Dabei immer wieder umrühren.
In der Zwischenzeit die Brotscheiben in der restlichen Butter auf beiden Seiten goldbraun rösten.
Den Käse ganz fein reiben.
Eigelb und Sahne verquirlen. Die Suppe vom Herd ziehen, mit der Eigelb-Sahne-Mischung legieren. Nun in 4 vorgewärmte Suppenteller je 2 Brotscheiben legen und mit der heißen Suppe über-

gießen. Die Suppe mit dem Käse bestreuen und sofort servieren.
Dazu gibt es keine weiteren Beilagen. Aber ein Kompott oder eine andere Nachspeise sind angebracht.
Hinweis: Diese Mehlsuppe ist eine sehr üppige – und auch sehr delikate – schwäbische Variante. Bei ärmeren Familien, vor allem auf der Schwäbischen Alb, fiel sie in früheren Zeiten jedoch sehr viel dürftiger aus. Sie wurde lediglich mit Schweinefett statt Butter und natürlich auch ohne Eigelb und Sahne zubereitet. Eine ähnlich „traurige" Variante kennt man auch in Bayern.
In manchen Gegenden wird dort übrigens heute noch jemand, der nichts hat, als einer „der auf der Brennsuppen dahergeschwommen ist" bezeichnet.

Braune Saftbrühe

4 Portionen à ca. 2150 kJ (515 kcal)

350 g Querrippe vom Rind,
250 g Kalbsbrust,
100 g Schinkenspeck,
40 g Butter,
2 Zwiebeln,
1 Möhre,
1 Petersilienwurzel,
5 Pfefferkörner,
3 Nelken,
1½ l Wasser,
Salz.

Beide Fleischsorten in etwa 2 cm dicke Scheiben schneiden, den Speck grob würfeln.
Butter in einem großen Topf erhitzen und den Speck darin etwas auslassen, so daß mehr Fett in dem Topf ist. Dann die Fleischscheiben darin braun braten.
Die Zwiebeln schälen, vierteln und ebenfalls in dem Fett leicht bräunen. Möhre und Petersilienwurzel schälen oder schaben, in dicke Scheiben schneiden.
In den Topf geben und kurz anrösten. Dann erst Gewürze dazugeben und alles mit Wasser auffüllen. Beliebig mit Salz würzen.
Die Brühe bei milder Hitze mindestens 2 Stunden zugedeckt köcheln lassen, dabei hin und wieder abschäumen. Dann das Fleisch herausnehmen und die Brühe durch ein Haarsieb gießen.
Entweder als klare Bouillon mit warmen Käsestangen als Vorspeise oder mit beliebigen Einlagen (z. B. junges Sommergemüse, fein gewürfeltes Fleisch, Suppennudeln oder Eierstich) als Hauptgang servieren.

Tip *Braune Saftbrühe läßt sich hervorragend einfrieren. Dafür sollte man sie in drei- bis vierfacher Menge zubereiten und in Portionen „auf Eis" legen. Für kleine Soßen zu kurzgebratenem Fleisch sollte man die Brühe im Eiswürfelfach einfrieren und – wenn sie fest ist – in Beutel verpacken.*

Bouillon mit Biskuitschöberl

4 Portionen à ca. 710 kJ (170 kcal)

**2 Eiweiß,
1 Prise Salz,
2 Eigelb,
50 g geriebener Emmentaler Käse,
30 g Mehl,
1 Msp. Paprika rosenscharf,
Margarine zum Einfetten,
1 l selbstgekochte Hühnerbrühe,
½ Bund Schnittlauch.**

Eiweiß mit dem Salz zu steifem Schnee schlagen. 2 Eßl. Eischnee mit den Eigelb verrühren und auf den Eischnee gleiten lassen. Den Käse darüberstreuen und das Mehl darübersieben. Danach Paprika zugeben und alles locker, aber gründlich mit dem Schneebesen mischen.
Ein Backblech etwa zu einem Viertel mit Pergamentpapier auslegen und dabei einen Rand falzen. Das Papier einfetten und den Teig daraufstreichen. In dem vorgeheizten Backofen (200°, Gas Stufe 3) 8 bis 10 Minuten backen, dann auf ein sauberes Küchentuch stürzen und das Pergamentpapier von dem Biskuit abziehen. Den Biskuit dann in Rauten (Schöberl) schneiden.
Nebenher die Brühe erhitzen, den Schnittlauch abspülen, trockenschwenken und in Röllchen schneiden. Die Schöberl in Suppentassen verteilen und mit der heißen Brühe begießen. Mit Schnittlauch bestreut als Vorsuppe bei einem festlichen Menü servieren. Dazu keine Beilagen reichen.
Variation: In Schwaben verzichtet man auf den Käse, rührt jedoch die Eigelb mit 60 g Butter schaumig. Der fertige Biskuit wird dann statt in Rauten in Streifen geschnitten.

Pikante Biersuppe

4 Portionen à ca. 1270 kJ (300 kcal)

**1¼ l Hühnerbrühe (möglichst selbstgekocht),
250 g Brotkrume von einem frischen Roggenmischbrot,
¼ l kräftiges Bier (am besten Pils),
10 cl Crème fraîche,
Salz,
schwarzer Pfeffer aus der Mühle,
1 Prise Zucker,
geriebene Muskatnuß.**

In einem großen Topf die Hühnerbrühe aufkochen. Nebenher die Brotkrume in große Würfel schneiden und in die kochende Brühe einrühren. So lange weiterrühren, bis das Brot ganz sämig geworden ist. Dann das Bier zufügen und die Suppe im zugedeckten Topf bei nicht zu starker Hitze noch 20 Min. köcheln lassen, dabei gelegentlich umrühren.
Die Suppe durch ein Sieb streichen. Mit der Crème fraîche mischen und kräftig abschmecken. Wieder erhitzen, dann rasch servieren.
Wer mag, kann zu der Suppe noch ein Stück gekochten oder gebratenen Speck reichen.
Als Vorsuppe ist die angegebene Menge ausreichend für 6 Personen.

Bouillon mit
Biskuitschöberl

Alemannische Zwiebelsuppe

4 Portionen à ca.
1580 kJ (375 kcal)

**500 g Zwiebeln,
60 g Butter,
1 Eßl. Öl,
2 Eßl. Mehl,
1 l kräftig gewürzte Fleisch- oder Knochenbrühe,
Salz,
schwarzer Pfeffer aus der Mühle,
50 g Roggenbrot,
1/8 l trockener Weißwein,
1/8 l dicke saure Sahne oder Crème fraîche,
je 1/2 Bund Petersilie und Kerbel.**

Zwiebeln schälen und in Ringe schneiden. 40 g Butter und das Öl in einem Topf erhitzen. Zwiebelringe darin goldgelb braten. Mit Mehl bestäuben und das Mehl kurz anschwitzen lassen. Mit der Fleischbrühe aufgießen und die Suppe zugedeckt bei nicht zu starker Hitze 20 Minuten köcheln lassen. Dann mit Salz und Pfeffer kräftig abschmecken.
Nebenher das Brot entrinden und in kleine Würfel schneiden. Die restliche Butter erhitzen und die Brotwürfel darin knusprig braun rösten.

Weißwein und saure Sahne verquirlen. Die Suppe vom Herd nehmen, die Wein-Sahne-Mischung einrühren. Die Suppe mit Salz und Pfeffer nachwürzen.
Die zuvor abgespülten, trockengeschwenkten und feingehackten Kräuter mit den Brotwürfeln mischen. Die Suppe in eine Terrine füllen, damit bestreuen und sofort servieren.
Die Suppe kann mit einem Glas trockenem Weißwein als Vorsuppe eines deftigen Menüs gereicht werden.

Ulmer Gerstentopf

4 Portionen à ca.
4250 kJ (1015 kcal)

**1 Suppenhuhn von ca. 1500 g,
1 1/2 l Wasser,
1 Bund Suppengrün,
1 große Zwiebel,
1–2 Lorbeerblätter,
4 Gewürznelken,
8 Pfefferkörner,
Salz,
175 g geschrotete Gerste (Reformhaus),
250 g Möhren,
20 g Butter,
2 Eßl. gehackte Petersilie.**

Das Huhn innen und außen gründlich abspülen und abtropfen lassen. Mit dem kalten Wasser aufsetzen und im offenen Topf langsam aufkochen, dabei hin und wieder abschäumen.
Das Suppengrün putzen und in grobe Würfel schneiden. Die geschälte Zwiebel mit den Lorbeerblättern und den Nelken spicken, zusammen mit dem Suppengrün und den Pfefferkörnern zu dem Huhn geben. Dann das Kochwasser kräftig mit Salz würzen. Das Huhn zugedeckt 90 Minuten sanft köcheln lassen.
Das Huhn aus der Brühe nehmen und die Brühe durch ein feines Haarsieb gießen. Die Gerste in einen Topf, in dem das Gericht auch serviert werden soll, schütten und unter ständigem Rühren die Brühe zufügen. Langsam zum Kochen bringen. Gerste unter gelegentlichem Umrühren ausquellen lassen, das dauert etwa 1 Stunde.
Die Möhren schälen und fein würfeln oder auch in Scheiben schneiden. Nach 30 Min. zu der Gerste in den Topf geben.

Von dem Suppenhuhn die Haut abziehen, das Fleisch in mundgerechte Stücke teilen und unter die Suppe mischen. Die Butter als dicken Klecks in die Mitte geben und mit der gewaschenen, gehackten Petersilie umkränzen. Sofort servieren.

Zu dem Ulmer Gerstentopf schmeckt als Beilage am besten ein dunkles Bauernbrot. Als Getränk paßt ein kühles Bier, aber auch ein trockener, kräftiger Weißwein.

Legierte Schneckensuppe

4 Portionen à ca. 1335 kJ (320 kcal)

4 Dutzend Schnecken (4 Dosen à 125 g), ½ l feine Rinderbouillon (selbstgekocht), ¼ l kräftiger Ruländer oder Weißburgunder, 1 Möhre, 1 dünne Stange Lauch (Porree), 1 Stengel Bleichsellerie, ½ Lorbeerblatt, 40 g Butter, 4 Scheiben Stangenweißbrot, 2 Eigelb, Salz, weißer Pfeffer aus der Mühle, 1 winzige Prise geriebene Muskatnuß, 1 Eßl. feingehackte Petersilie.

(Titelfoto)

Schnecken mit ihrem Saft in einen Topf geben, mit Rinderbouillon und Wein aufgießen und alles rasch einmal aufkochen. Dann 10 Minuten zugedeckt ziehen, nicht mehr kochen lassen.
In der Zwischenzeit die Möhre schälen, den Lauch und den Sellerie putzen und abspülen. Alles in hauchdünne Streifchen (Juliennes) schneiden.
12 Schnecken aus der Brühe nehmen und fein hacken. 20 g Butter in einem Pfännchen erhitzen und die gehackten Schnecken und die Gemüsestreifen zusammen mit dem Lorbeerblatt unter Rühren so lange dünsten, bis das Gemüse fast weich ist. Nebenher in einer Pfanne die restliche Butter erhitzen und die Brotscheiben darin auf beiden Seiten goldbraun rösten.
Die Eigelb mit etwas Brühe verquirlen und die Schneckensuppe damit legieren. Mit Salz, Pfeffer und einer Prise Muskatnuß abschmecken. Dann wieder erhitzen, jedoch auf keinen Fall aufkochen. Lorbeerblatt aus dem Gemüse entfernen. Die Brotscheiben in vier Suppentassen geben, das gedünstete Gemüse darauf verteilen und mit der heißen Suppe begießen. Die Suppe mit Petersilie bestreuen und sofort auftragen.
Diese Schneckensuppe wird mit zarten Käsestangen oder ohne Beilagen als festliche Vorsuppe serviert. Wer mag, kann dazu ein Glas gut gekühlten Sherry (Fino) reichen.
Variation: Die Suppe mit wenig Mehlbutter binden und statt mit Gemüse mit gekochtem Kerbel anrichten. Oder man ersetzt den Wein durch ⅛ l trockenen Sherry (Fino) und ⅛ l Sahne. Dann kann die Suppe mit einer Prise Currypulver abgeschmeckt werden.

Grumbiere-Topf

4 Portionen à ca. 2445 kJ (585 kcal)

1 Zwiebel, 2 Knoblauchzehen, 750 g Kartoffeln (Grumbieren), 150 g Sellerieknolle, 1 Petersilienwurzel, 200 g Möhren, 2 Stangen Lauch, 1 Bund Petersilie, 30 g Schweineschmalz, 1½ l kräftige Fleischbrühe, schwarzer Pfeffer aus der Mühle, 20 g Butter, 4 Zweige frischer Majoran, 100 g Vollkornbrot, 200 g grobe, feste Leberwurst.

Zwiebel und die Knoblauchzehen schälen und fein hacken.
Kartoffeln, Sellerieknolle, Petersilienwurzel und Möhren ebenfalls schälen und würfeln. Den Lauch putzen, waschen, gründlich abtropfen lassen und in Ringe schneiden. Petersilie abspülen, trockenschwenken und grob hacken.
Das Schweineschmalz in einem großen Topf erhitzen. Zwiebel und Knoblauch darin glasig braten, dann die vorbereiteten Zutaten hineingeben und unter Rühren 1 Minute dünsten. Mit Fleischbrühe begießen und mit Pfeffer abschmecken. Im zugedeckten Topf bei nicht zu starker Hitze 30 Min. köcheln lassen.
Das Brot entrinden, würfeln und in der heißen Butter goldgelb rösten. Majoran abspülen, trockenschwenken und die Blättchen von den Stielen zupfen. Die Leberwurst häuten und in etwa 5 mm dicke Scheiben schneiden. In den Eintopf geben. Den Eintopf mit Majoranblättchen und Brotwürfelchen bestreuen und sofort servieren.
Hinweis: Grumbiere (Birne aus der Erdkrume) wird die Kartoffel rund um Offenburg und im Hanauer Land genannt. Im badischen Schwarzwald und am Bodensee nennt man sie Erdapfel. Echte Schwaben hingegen sprechen von Bodebire oder Krumbiera.

Wildeintopf

4 Portionen à ca. 4310 kJ (1030 kcal)

Je 150 g getrocknete grüne oder gelbe Erbsen, weiße Bohnen und große Linsen, 1½ l Wasser, 500 g mageres Fleisch von Hirsch oder Reh, 200 g magerer durchwachsener Räucherspeck, 20 g Schweineschmalz, 3 Zwiebeln, 2 Knoblauchzehen, Salz,

Erbsen, Bohnen und Linsen über Nacht in dem Wasser einweichen. Am nächsten Tag mit dem Einweichwasser zum Kochen bringen und zugedeckt 30 Minuten köcheln lassen.
In der Zwischenzeit das Wildfleisch und den Speck fein würfeln. Das Schweineschmalz in einem großen Topf erhitzen, darin bei nicht zu starker Hitze den Speck etwas auslassen. Dann die Fleischwürfel dazugeben und rundherum braun braten.
Zwiebeln und die Knoblauchzehen schälen und hacken. Zum Fleisch geben und hellgelb braten. Die halbgaren Hülsenfrüchte dazugeben und alles kräftig mit Salz, Pfeffer und Thymian würzen. Zugedeckt 20 Min. schmoren lassen. Dann die geschälten, in

Grumbiere-Topf

schwarzer Pfeffer aus der Mühle,
½ Teel. gerebelter Thymian,
250 g mehlige Kartoffeln,
2 Lorbeerblätter,
⅛ l dicke saure Sahne,
1 kräftiger Schuß Essig,
2 cl Wacholderschnaps,
je 2 Eßl. gehackte Petersilie und Schnittlauchröllchen.

Würfel geschnittenen Kartoffeln und die Lorbeerblätter zufügen und alles zugedeckt bei nicht zu starker Hitze in 25 Minuten garen.
Den Topf vom Herd nehmen und die saure Sahne einrühren. Den Eintopf mit Essig und Wacholderschnaps abschmecken und wenn nötig mit Salz und Pfeffer nachwürzen. Mit Petersilie und Schnittlauch bestreut sofort servieren.
Dazu ein kräftiges Bauernbrot reichen. Als Getränk paßt zu diesem Wildeintopf trockener Rotwein besonders gut.

Tip *Man kann diesen Eintopf aber auch aus den Resten eines Wildbratens bereiten. In dem heißen Speckfett, aus dem die Grieben allerdings herausgenommen wurden, nur die Zwiebeln und den Knoblauch anbraten. Dann die Hülsenfrüchte zufügen und das Gericht wie beschrieben zubereiten. Erst zum Schluß die in Würfel geschnittenen Bratenreste und die Speckgrieben zufügen und statt mit Essig und Wacholderschnaps mit halbtrockenem Sherry (Amontillado) oder Madeirawein abschmecken.*

Nordbadische Kartoffelsuppe

6 Portionen à ca. 1320 kJ (315 kcal)

500 g mehlig festkochende Kartoffeln,
150 g Sellerieknolle,
1 Stange Lauch,
3 Möhren,
1 große Zwiebel,
2 Knoblauchzehen,
2 Tomaten,
½ Bund Petersilie,
2 Eßl. Schweineschmalz,
1½ l Fleischbrühe,
Salz,
weißer Pfeffer aus der Mühle,
⅛ l süße Sahne.

Kartoffeln und Sellerie schälen, den Lauch putzen, Möhren schaben, Zwiebeln und Knoblauch schälen. Die Tomaten abziehen, entkernen und würfeln. Knoblauch durch die Presse drücken, das übrige Gemüse in etwa 1 cm große Würfel schneiden. Die Petersilie abspülen, trockenschwenken und hacken.
Das Schweineschmalz in einem großen Topf nicht zu stark erhitzen, die vorbereiteten Zutaten darin unter Rühren etwa 5 Minuten andünsten. Mit der Fleischbrühe auffüllen und zugedeckt bei nicht zu starker Hitze in 30 Minuten musig kochen.
Durch ein Sieb streichen oder – abgekühlt – im Mixer pürieren. Dann erst mit Salz und Pfeffer abschmecken. Noch mal erhitzen und in eine vorgewärmte Terrine füllen. Die Sahne halbsteifschlagen und als dicken Klecks auf die Suppe geben.
Mit frischem Bauernbrot oder ofenwarmem Stangenweißbrot als Hauptgericht servieren.

Tip *Wer mag, gibt noch etwas gehackte Petersilie sowie einige Schnittlauchröllchen oder in Ringe geschnittenes Zwiebelgrün auf die Suppe.*

Bohnentopf mit Speck

4 Portionen à ca.
5140 kJ (1230 kcal)

300 g getrocknete weiße Bohnen,
1½ l Wasser,
500 g durchwachsener Kochspeck,
250 g Möhren,
250 g Kartoffeln,
1 kleines Stück Sellerieknolle (150 g),
2 Petersilienwurzeln,
Salz,
schwarzer Pfeffer aus der Mühle,
getrockneter Majoran,
2 Zwiebeln,
10 g Schweineschmalz,
½ Bund Petersilie,
½ Bund Schnittlauch.

Bohnen über Nacht in dem Wasser einweichen. Am nächsten Tag zusammen mit dem Speck zum Kochen bringen und zugedeckt bei mittlerer Hitze gut 90 Minuten kochen lassen.
Möhren, gewaschene Kartoffeln, Sellerieknolle und Petersilienwurzel schälen und fein würfeln. 25 Minuten vor Ende der Garzeit in den Topf geben. Den Eintopf mit Salz, Pfeffer und dem Majoran würzen.
Die beiden Zwiebeln schälen und fein hacken. In dem heißen Schweineschmalz goldgelb braten. Den Speck aus dem Topf nehmen, in Scheiben schneiden und warm stellen.
Petersilie und den Schnittlauch abspülen und trockenschwenken. Petersilie hacken, Schnittlauch in Röllchen schneiden. Zusammen mit den Zwiebeln über den Eintopf gießen und diesen sofort servieren.
Dazu den Speck, ein deftiges Bauernbrot und ein kühles Bier reichen.

Markklößchensuppe

4 Portionen à ca.
970 kJ (230 kcal)

50 g Ochsenmark,
2 Eier,
3 Eßl. fein gehackte Petersilie,
100 g Semmelbrösel,
Salz,
weißer Pfeffer aus der Mühle,
geriebene Muskatnuß,
1½ l selbstgekochte Rinderbouillon.

Das Ochsenmark grob hacken, dann bei milder Hitze in einer kleinen Pfanne auslassen. Das Fett durch ein ganz feines Haarsieb gießen, damit eventuelle Knochensplitter zurückbleiben.
Das Fett erkalten lassen, dann in einer Schüssel mit dem Schneebesen ganz schaumig rühren. Nach und nach die Eier, 2 Eßlöffel Petersilie und die Semmelbrösel unterrühren. Die Masse mit Salz, Pfeffer und Muskatnuß abschmecken und 20 Minuten zugedeckt in den Kühlschrank stellen.
Dann mit kalt abgespülten Händen aus dem Teig etwa walnußgroße Klößchen formen und in siedendem, jedoch nicht kochendem Salzwasser in etwa 10 Minuten garziehen lassen. Mit einem Schaumlöffel herausnehmen und in vorgewärmte Suppentassen füllen.
Nebenher die Bouillon erhitzen, über die Klößchen gießen und die Suppe mit der restlichen Petersilie bestreut servieren.
Dazu ofenwarme Cocktailbrötchen oder frisch geröstete Scheiben von Stangenweißbrot reichen.
Hinweis: Man kann die Klößchen auch in der Bouillon garen, allerdings wird diese dann trüb.

Breisacher Wildsalat
Rezept nächste Seite

Kalte Vorspeisen und Vespergerichte

werden auf beiden Seiten
des Schwarzwalds gleichermaßen
geliebt und auch genossen.

Breisacher Wildsalat

4 Portionen à ca. 1660 kJ (395 kcal)

450 g Rehfilet, schwarzer Pfeffer aus der Mühle, 20 g Butterschmalz oder Kokosfett, Salz, 1 Grapefruit, 3 Stengel Bleichsellerie, je 125 g helle und blaue Weintrauben, 1 kleiner Kopf Radicchiosalat, 1 Becher Crème fraîche (200 g), 1 cl Himbeergeist, 1 Eßl. Zitronensaft, 1 winzige Prise Zucker.

(Foto Seite 24/25)

Das Rehfilet wenn nötig häuten. Kräftig mit Pfeffer einreiben. Butterschmalz oder Kokosfett in einer länglichen Kasserolle erhitzen und das Filet rundherum braun anbraten.
Mit wenig Salz bestreuen und bei mäßiger Hitze im eigenen Saft zugedeckt noch 15 Min. schmoren lassen. Dann ist das Filet innen noch ganz schwach rosa. Das Filet abkühlen lassen.
In der Zwischenzeit die Grapefruit schälen, auch die weiße Haut abziehen. Die Frucht in die einzelnen Stücke teilen, diese häuten und quer halbieren.
Bleichsellerie putzen, die hellen Blättchen jedoch dranlassen. Sellerie abspülen, trockentupfen und in etwa 2 cm lange Stükke schneiden.
Weintrauben waschen, abtropfen lassen, die Beeren von den Stielen zupfen, halbieren und entkernen.
Radicchio putzen, in die einzelnen Blätter zerpflücken und eventuell die harten Rippen entfernen.
Das Fleisch in etwa 3 mm dicke Scheiben schneiden, wenn nötig halbieren. Alle Zutaten in einer Glasschale mischen.
Die Crème fraîche mit dem Himbeergeist, Zitronensaft und Zucker schaumig rühren. Mit Salz und Pfeffer abschmecken und über den Salat gießen.
Mit frischem Stangenweißbrot oder frisch geröstetem Toast servieren.
Dazu einen gut gekühlten Rosé reichen.

Eier auf Sauerampfer

4 Portionen à ca. 1695 kJ (405 kcal).

200 g frischer Sauerampfer, 2 Schalotten, 1 Knoblauchzehe, 8 Eier, 40 g Butter, 2 Teel. Mehl, 1/8 l süße Sahne, 1/4 l Milch, Salz, schwarzer Pfeffer aus der Mühle.

Sauerampfer verlesen und die harten Stiele abschneiden. Den gewaschenen, trockengeschwenkten Sauerampfer, die geschälten Schalotten und die geschälte Knoblauchzehe fein hacken.
Nebenher die Eier in 10 Minuten hartkochen.
Dann abschrecken, schälen, halbieren. Eigelb herausheben und fein hakken oder zerdrücken, beiseite stellen. Eiweißhälften in heißes Wasser legen.
Die Butter in einem großen Stieltopf erhitzen und Sauerampfer, Schalotten und Knoblauch darin unter Rühren etwa 5 Minuten dünsten. Dann das Mehl darüberstäuben und hell anschwitzen lassen.
Das Eigelb dazugeben.

Mit Sahne und Milch ablöschen und alles unter ständigem Rühren noch 8 Minuten köcheln lassen. Das Sauerampferpüree mit etwas Salz und Pfeffer abschmecken und in eine tiefe, vorgewärmte Schüssel geben. Die Eiweißhälften abtropfen lassen und mit der Schnittfläche nach unten darauflegen. Sofort servieren. Dazu gibt es frisches Stangenweißbrot und einen trockenen Weißwein.

Schweineleberpastete

4 Portionen à ca. 2340 kJ (560 kcal)

1 Schweine- oder Lammnetz,
400 g Schweineleber,
¼ l Milch,
150 g mild geräucherter Bauchspeck,
150 g Schweinefilet,
1 Zwiebel,
2 Schalotten,
250 g frische Champignons,
1 Bund Petersilie,
1 Eigelb,
Salz,
weißer Pfeffer aus der Mühle,
1 Prise Pastetengewürz (Fertigmischung),
2 Eßl. Kirschwasser.

Das Schweine- oder Lammnetz beim Fleischer vorbestellen. Gründlich unter fließendem, lauwarmem Wasser waschen, dabei aber darauf achten, daß es nicht einreißt. Dann zum Trocknen auf Haushaltspapier ausbreiten.
Die Schweineleber halbieren und alle Fettansätze herausschneiden. Mindestens 30 Minuten in die Milch legen. Dann noch mal gründlich unter fließendem, lauwarmem Wasser abspülen. Mit Haushaltspapier trockentupfen und zusammen mit dem Bauchspeck, dem Schweinefilet, der geschälten Zwiebel und den geschälten Schalotten durch den Fleischwolf (feine Scheibe) drehen.
Die Champignons putzen, wenn nötig waschen, dann gut abtropfen lassen, und in feine Scheiben schneiden.
Petersilie abspülen, trokkenschwenken und mit Haushaltspapier trockentupfen, fein hacken.
Die durchgedrehte Farce, Champignonscheiben und Petersilie mit dem Eigelb vermischen, mit Salz, Pfeffer, Pastetengewürz und Kirschwasser abschmecken.
Eine Kastenform mit dem Schweine- oder Lammnetz auskleiden und die Seiten über den Formrand legen. Nun die Farce einfüllen und das Netz darüber zusammenfalten.
Die Form in den vorgeheizten Backofen (240°, Gas Stufe 5) schieben und die Pastete in 45 Minuten garen. Das überschüssige Fett abgießen und die Pastete abkühlen lassen. Dann erst aus der Form lösen. Die Pastete wird kalt, in Scheiben geschnitten, serviert.
Dazu schmeckt ein deftiges Bauernbrot mit leicht gesalzener Butter. Als Getränk ist ein trockener Weißwein am besten geeignet, man kann aber auch einen gut gekühlten Rosé dazu reichen.

Weinbergschnecken

4 Portionen à ca.
1575 kJ (375 kcal)

**1 Schalotte,
2–3 Knoblauchzehen,
je ½ Bund
Petersilie und Kerbel,
6 Stengel Basilikum,
4 Stengel Estragon,
175 g Butter,
1 Teel. Zitronensaft,
Salz,
weißer Pfeffer aus der
Mühle,
2 Dutzend Schnecken
aus der Dose mit
Schneckenhäuschen.**

Schalotte und Knoblauchzehen schälen, beides durch die Knoblauchpresse drücken.
Kräuter abspülen, trockenschwenken, dann mit Haushaltspapier vorsichtig trockentupfen. Basilikum- und Estragonblättchen von den Stielen zupfen, alles sehr fein hacken.
Die Butter ganz schaumig schlagen, dabei nach und nach den Zitronensaft und die Kräuter untermischen. Butter mit Salz und Pfeffer würzen.
Die Schnecken abtropfen lassen und den Saft auffangen. In jedes Häuschen zuerst etwas Saft, dann eine Schnecke geben. Die Häuschen mit der Butter verschließen.
Die Schneckenhäuschen in 4 Schneckenpfannen setzen und in den vorgeheizten Backofen (180°, Gas Stufe 2) stellen. So lange überbacken (ca. 10 Minuten), bis die Butter kräftig zu schäumen beginnt. Dann sofort servieren.
Dazu reichlich frisches Stangenweißbrot und einen kräftigen, trockenen Weißwein reichen.

Schneckenragout in Brötchen

4 Portionen à ca.
1655 kJ (395 kcal)

**4 Dutzend Schnecken
(4 Dosen à 125 g),
je 1 Stange Lauch
(Porree) und
Bleichsellerie,
2 kleine Möhren,
40 g fertig gekaufte
Kräuterbutter,
1 Teel. Mehl,
5 cl trockener
Weißwein,
5 cl trockener Sherry
(Fino),
3 Eßl. Crème fraîche,
schwarzer Pfeffer aus
der Mühle,
Salz,
5 Roggenbrötchen,
20 g Butter.**

Die Schnecken abtropfen lassen, den Saft dabei auffangen. Die Schnekken grob hacken.
Lauch und Sellerie putzen, Möhren schälen. Das Gemüse in ganz feine Streifchen (Juliennes) schneiden.
Kräuterbutter in einer kleinen Kasserolle erhitzen. Schnecken und Gemüsestreifen darin unter Rühren 3 Minuten dünsten. Mit Mehl bestäuben und dieses hell anschwitzen. Mit Schneckensud, Weißwein und Sherry ablöschen, aufkochen und 3 Minuten köcheln lassen. Dann vom Herd nehmen und die Crème fraîche einrühren. Das Ragout mit Pfeffer und Salz pikant abschmecken.
Nebenher die Brötchen halbieren und einen Teil der Krume auslösen.
Die Brötchen innen mit der zuvor zerlassenen Butter einpinseln und im vorgeheizten Backofen (250°, Gas Stufe 6) in etwa 5 Minuten knusprig rösten. Auf vorgewärmten Tellern anrichten, mit dem Ragout füllen und sofort servieren.
Dazu einen trockenen Weißwein reichen.

Weinbergschnecken

Käse-Kartoffelsalat

4 Portionen à ca. 2480 kJ (590 kcal)

750 g mehlig festkochende Kartoffeln, 200 g Emmentaler Käse, 1/4 l sehr kräftige Fleischbrühe, Salz, weißer Pfeffer, 4–5 Eßl. Kräuteressig, 125 g durchwachsener Speck, 2 große Zwiebeln.

Die gewaschenen Kartoffeln als Pellkartoffeln kochen. In der Zwischenzeit den Käse grob raffeln oder in sehr dünne Scheiben schneiden.
Die Kartoffeln abgießen, abschrecken, pellen und sofort in Scheiben schneiden.
Die Fleischbrühe bis kurz vorm Kochen erhitzen, mit Salz, Pfeffer und dem Kräuteressig pikant abschmecken.
Kartoffeln und Käse lagenweise in eine Servierschüssel schichten. Dabei jede Kartoffelschicht mit etwas Fleischbrühe begießen. Die Fleischbrühe muß gleich von den Kartoffelscheiben aufgesogen werden. Die letzte Schicht sollten Kartoffelscheiben bilden.
Speck fein würfeln und langsam auslassen. Die geschälten Zwiebeln hacken und in dem Speckfett goldgelb braten.
Über den Salat gießen.
Kurz durchziehen lassen, noch warm servieren.
Den Salat erst bei Tisch mischen.
Der Salat wird entweder solo gegessen oder man reicht dazu einen grünen Salat der Saison. Als Getränk paßt ein kühles Bier besonders gut.

Schaumeier auf Feldsalat

4 Portionen à ca. 2740 kJ (655 kcal)

150 g gekochter Schinken ohne Fettrand, 3/8 l süße Sahne, 1 Eßl. fein gehackter Kerbel, schwarzer Pfeffer aus der Mühle, 7 Blatt weiße Gelatine, 6 hartgekochte Eier, 150 g Feldsalat, 2 Frühlingszwiebeln, 50 g grob gehackte Walnußkerne, 1 kräftige Prise Salz, 1 winzige Prise Zucker, 2 Eßl. feinster Weinessig, 2 Eßl. Walnußöl.

Schinken im Mixer pürieren oder ganz fein hakken. Die Sahne steifschlagen. Mit dem Schinken und dem Kerbel mischen und mit Pfeffer leicht würzen.
Die zuvor 10 Minuten in kaltem Wasser eingeweichte Gelatine tropfnaß in einen Stieltopf geben und bei milder Hitze unter Rühren auflösen. Durch ein Sieb langsam in die Schinkenschaummasse fließen lassen und mit einem Schneebesen lokker, aber gründlich untermischen. Die Masse in einen Spritzbeutel füllen und für 30 Minuten in den Kühlschrank legen.
Die Eier schälen und längs halbieren. An der Unterseite der Hälften etwas Eiweiß abschneiden, damit sie ganz fest stehen.
Die Schinkenschaummasse durch die glatte Tülle spiralförmig so auf die Eihälften spritzen, daß sie wie der obere Teil der Eier wirkt. Locker mit Klarsichtfolie bedecken und für 1 Std. in den Kühlschrank stellen.
In der Zwischenzeit den Feldsalat gründlich wa-

schen, putzen und trokkenschleudern. Eine große Platte damit bedecken. Frühlingszwiebeln putzen, nur das Weiße fein hakken und dann zusammen mit den gehackten Walnußkernen über den Feldsalat streuen.
Salz und Zucker mit dem Essig verrühren und über den Salat träufeln, dann das Öl tropfenweise darübergeben. Die Eier auf dem Salat anrichten.
Dazu ganz frisches Stangenweißbrot und leicht gesalzene Butter und einen trockenen Riesling servieren.

Gefüllte Eier in Soße

4 Portionen à ca. 1750 kJ (420 kcal)

1 altbackenes Brötchen,
1/8 l kochende Milch,
8 hartgekochte Eier,
80 g Butter,
1 Bund Petersilie,
Salz,
weißer Pfeffer aus der Mühle,
geriebene Muskatnuß,
1 Teel. Mehl,
1/4 l kräftige Fleischbrühe,
4 Eßl. dicke saure Sahne oder Crème fraîche,
1 Eßl. Schnittlauchröllchen.

Das Brötchen auf der Reibe entrinden und in Scheiben schneiden.
Mit der Milch übergießen und weich werden lassen.
Die Eier schälen und längs halbieren. Das Eigelb vorsichtig auslösen und zusammen mit dem gründlich ausgedrückten Brötchen in eine Schüssel geben. Alles mit 40 g Butter gut mischen, so daß eine cremige Masse entsteht.
Petersilie abspülen, trokkenschwenken und hakken. Die Hälfte unter die Eigelbmasse mischen und mit Salz, Pfeffer und Muskatnuß abschmekken. Die Mischung fest in die Eiweißhälften drükken und glattstreichen (evtl. Reste werden in die Soße gerührt).
Eine feuerfeste Platte gut mit Butter einfetten und die Eier mit der Schnittfläche nach unten hineinlegen. Die Platte mit Alufolie fest verschließen und die Eier in dem vorgeheizten Backofen (200°, Gas Stufe 3) 10 Min. im eigenen Saft schmoren lassen.
In der Zwischenzeit die restliche Butter in einem kleinen Stieltopf erhitzen und das Mehl darin hellbraun rösten. Mit der Fleischbrühe ablöschen und 8 Minuten unter Rühren sprudelnd kochen lassen. Den Topf vom Herd nehmen, die Soße mit der sauren Sahne oder Crème fraîche verfeinern, mit Salz, Pfeffer und Muskatnuß abschmecken. Die Soße um die heißen Eier gießen, mit der restlichen Petersilie und den Schnittlauchröllchen bestreut sofort servieren.
Dazu frisches Bauernbrot und grünen Salat in Kräutermarinade reichen.

Blut- und Leberwurst in Sauer

4 Portionen à ca. 2370 kJ (565 kcal)

300 g leicht geräucherte, aber noch frische Blutwurst mit Speck,
300 g kräftige Leberwurst im Naturdarm,
1/8 l kräftig gewürzte Fleischbrühe,
4 Eßl. Kräuteressig,
2 Zwiebeln (am besten weiße),
2 Eßl. Kapern,
4 schnittfeste Tomaten.

Blutwurst und Leberwurst aus der Pelle lösen und in etwa 5 mm dicke Scheiben schneiden. Jeweils im Halbkreis auf einer großen Platte anrichten.
Die Fleischbrühe mit dem Essig langsam aufkochen. In der Zwischenzeit die Zwiebeln schälen und in Ringe schneiden. Über die Wurstscheiben verteilen. Die heiße Fleischbrühe-Essig-Mischung darübergießen. Die Platte mit Folie bedecken und alles mindestens 45 Minuten ziehen lassen.
Mit den abgetropften Kapern und den in Achtel geschnittenen, von den Stengelansätzen befreiten Tomaten garnieren.
Dazu schmeckt ein kräftiges Bauernbrot und ein Salat aus Sauerkraut oder mit etwas Weißwein gründlich gestampfter Weißkohl (siehe Seite 114).
Als Getränk paßt Bier ebenso wie ein kräftiger, trockener Weißwein.

Bauernomelett

(Baurafrühstück)

4 Portionen à ca. 2800 kJ (670 kcal)

500 g Kartoffeln,
200 g durchwachsener Speck,
2 Eßl. Schweineschmalz oder Margarine,
3 Zwiebeln,
Salz,
weißer Pfeffer,
8 Eier,
geriebene Muskatnuß,
je 1 Eßl. fein gehackte Petersilie und Schnittlauchröllchen.

Gewaschene Kartoffeln in 25 Minuten als Pellkartoffeln kochen. In der Zwischenzeit den Speck in kleine Würfel schneiden, die geschälten Zwiebeln hacken.
Kartoffeln abgießen, abschrecken, schälen und in etwa 2 mm dicke Scheiben schneiden.
1 Eßl. Fett in einer großen Pfanne erhitzen und den Speck darin so lange auslassen, bis er glasig zu werden beginnt. Dann die Kartoffelscheiben mit den Zwiebeln zufügen und bei nicht zu starker Hitze unter vorsichtigem Wenden knusprig braun werden lassen. Mit Salz und weißem Pfeffer würzen.
Eier in einer Schüssel mit einer Gabel gründlich vermengen, mit Salz, Pfeffer und Muskatnuß pikant würzen. Das restliche Fett in einer großen Pfanne erhitzen und die Eier darin wie ein flaches Omelett stocken lassen.
Die Kartoffeln in die Mitte geben, die Eimasse darüber zusammenklappen und alles auf eine große, ovale Platte gleiten lassen. Mit Petersilie und Schnittlauch bestreut servieren.
Dazu schmeckt Tomaten- oder Kopfsalat in einer würzigen Kräutersoße.

Blut- und
Leberwurst in Sauer

Einfacher Käsesalat

4 Portionen à ca. 2385 kJ (570 kcal)

400 g Emmentaler Käse, 4 Schalotten, 1 Teel. scharfer Senf, 3 Eßl. feinster Weinessig, 6 Eßl. sehr gutes Speiseöl, Salz, weißer Pfeffer aus der Mühle, 1 Prise Zucker, 2 Eßl. nicht zu fein gehackte Petersilie.

Den Käse in etwa 3 mm dicke Scheiben schneiden lassen, dann in etwa 3 cm lange Streifchen schneiden. Die Schalotten schälen und sehr fein hacken.
In einer Schüssel den Senf mit dem Essig verrühren, dann tropfenweise mit dem Öl mischen, so daß eine cremige Soße entsteht. Mit Salz, Pfeffer und Zucker abschmecken.
Die Käsestreifen und die gehackten Schalotten mit der Soße vermischen.
Den Salat in einer Servierschüssel anrichten und mit Petersilie bestreut auftragen.
Als Vorspeise wird dazu frisches Stangenweißbrot und ein trockener Weißwein wie Riesling oder Müller-Thurgau serviert.
Als Vespergericht wird der Salat mit Wurst kombiniert, wie auf der nächsten Seite bei dem Rezept „Straßburger Wurstsalat" beschrieben.

Kuttel-Gemüse-Salat

4 Portionen à ca. 1460 kJ (350 kcal)

400 g vom Fleischer vorgekochte Kutteln, 1 l sehr kräftige Fleischbrühe, 200 g Möhren, 200 g Sellerie, 3 kleine Stangen Lauch (Porree), 1 Zwiebel, 1 große Gewürzgurke, 1 Teel. scharfer Senf, 1 kräftige Prise Zucker, 4 Eßl. Kräuteressig, 6 Eßl. feines Pflanzenöl, Salz, schwarzer Pfeffer aus der Mühle, 3 schnittfeste, kleine Tomaten, 2 Eßl. gehackte Petersilie.

Die noch einmal gründlich lauwarm gewaschenen Kutteln in ganz feine, etwa 3 cm lange Streifchen schneiden. In der Brühe aufkochen und in 35 Min. weichkochen.
In der Zwischenzeit Möhren und Sellerie schälen und in dünne Streifen (Juliennes) schneiden. Den Lauch putzen und ebenfalls in dünne Ringe schneiden. 15 Min. vor Ende der Garzeit Sellerie und Möhren, 5 Minuten vorher den Lauch zu den Kutteln geben.
Die Zwiebel schälen und ganz fein hacken, die Gurke in Streifen schneiden. Kutteln und Gemüse abgießen und mit Zwiebeln und Gurke mischen.
Senf und Zucker mit 2 Eßl. Kuttelbrühe glattrühren, dann mit Essig und Öl vermengen. Mit Salz und Pfeffer pikant abschmekken. Soße über den Salat gießen und untermischen.
Die gewaschenen, abgetrockneten Tomaten achteln und von den grünen Stengelansätzen befreien. Den Salat mit der Petersilie bestreuen und mit den Tomatenachteln garniert servieren.
Dazu gibt es deftiges Bauernbrot und Butter. Als Getränk kann man sowohl ein kühles Bier als auch einen kräftigen, trockenen Weißwein reichen.

Straßburger Wurstsalat

4 Portionen à ca. 3190 kJ (760 kcal)

250 g deutscher oder Schweizer Emmentaler,
350 g Lyoner oder Fleischwurst,
2 Zwiebeln,
2 Gewürzgurken,
einige Salatblätter,
1 Teel. scharfer Senf,
4 Eßl. Kräuteressig,
6–8 Eßl. Pflanzenöl,
Salz,
weißer Pfeffer,
1 Prise Zucker,
2 schnittfeste Tomaten,
2 hartgekochte Eier.

Käse in streichholzdicke, etwa 3 cm lange Stifte, die geschälte Wurst in hauchdünne Scheiben schneiden. Die Zwiebeln schälen und ganz dünn schneiden, dann die Ringe herausdrücken. Die Gurken würfeln oder wie den Käse ebenfalls stifteln. Alles miteinander vermischen.
Die Salatblätter waschen, trockenschleudern und auf einer großen, tiefen Platte anrichten. Den Salat bergartig darauffüllen.
Den Senf mit dem Essig glattrühren. Dann tropfenweise das Öl unterschlagen. Die Soße mit Salz, Pfeffer und Zucker abschmecken und über den Salat gießen.
Tomaten waschen, abtrocknen und achteln, dabei die grünen Stengelansätze entfernen. Die geschälten Eier ebenfalls achteln. Tomaten- und Eiachtel kranzförmig um den Salat anrichten.
Zu dem Salat wird Bauernbrot und ein kühles Bier serviert. Auch ein kräftiger Bauernschnaps oder Obstler paßt dazu.

Badischer Vespersalat

4 Portionen à ca. 2285 kJ (545 kcal)

600 g Schwartenmagen (in Norddeutschland Sülzwurst),
3 kleine Zwiebeln,
3 Gewürzgurken,
6 Eßl. beliebiges Pflanzenöl,
4 Eßl. Essig,
Salz,
½ Teel. scharfer Senf,
schwarzer Pfeffer aus der Mühle,
einige Salatblätter,
4 schnittfeste Tomaten,
je 1 Eßl. gehackte Petersilie und Schnittlauchröllchen.

Den Schwartenmagen schon vom Fleischer in etwa 5 mm dicke Scheiben schneiden lassen. Dann in etwa 1 cm breite Streifen schneiden. Die geschälten Zwiebeln in hauchdünne Scheiben, die Gewürzgurken in knapp 3 mm dicke Stifte schneiden. Alles in einer Schüssel mischen.
Aus Öl, Essig, Salz, Senf und Pfeffer eine pikante Salatsoße rühren und über die vorbereiteten Zutaten gießen. Etwa 15 Minuten durchziehen lassen.
In der Zwischenzeit die Salatblätter abspülen, trockenschleudern und auf einer großen, tiefen Platte anrichten. Die Tomaten waschen, abtrocknen, achteln und von den grünen Stengelansätzen befreien.
Den Salat eventuell mit etwas Essig und Salz nachwürzen. Bergartig auf den Salatblättern anrichten. Mit Tomatenachteln garnieren, etwas Pfeffer übermahlen und mit Petersilie und Schnittlauchröllchen bestreuen.
Dazu Roggenbrötchen und Butter und einen kräftigen Weißwein servieren.

Lauchtorte

4 Portionen à ca.
4840 kJ (1155 kcal)

**250 g Mehl,
150 g weiche Butter
oder Margarine,
1 kräftige Prise Salz,
5 Eier,
1200 g Lauch (Porree),
Salz,
schwarzer Pfeffer aus
der Mühle,
geriebene Muskatnuß,
¼ l dicke saure Sahne
oder Crème fraîche,
20 g Speisestärke,
100 g mild geräucherter durchwachsener
Speck,
100 g grob geraffelter
Emmentaler Käse.**

Mehl in eine Schüssel geben, 125 g Butter oder Margarine in Flöckchen, Salz und 1 Ei dazugeben und alles mit den Knethaken des Handrührgeräts zu einem glatten Teig verarbeiten. Zugedeckt noch mindestens 1 Stunde in den Kühlschrank stellen.
In der Zwischenzeit 2 Eier in 8 Minuten hartkochen. Den Lauch putzen, längs halbieren, gründlich waschen und abtropfen lassen. Dann quer in Scheiben schneiden. In der restlichen Butter leicht glasig dünsten. Mit Salz, Pfeffer und Muskatnuß pikant würzen. Abkühlen lassen.
Die restlichen Eier mit der sauren Sahne oder Crème fraîche und der Speisestärke verquirlen. Dann mit dem Lauch mischen.
Den Speck in ganz feine Streifen schneiden.
Den Teig in eine runde Tarte-Form drücken, dabei einen Rand hochziehen. Die Lauch-Sahne-Mischung darauf verteilen. Die Eier schälen, quer halbieren und mit der Schnittfläche nach unten auf die Torte setzen. Die Torte mit Schinkenstreifen und Käse bestreuen und im vorgeheizten Backofen (200°, Gas Stufe 3) 45 Minuten backen. Aus der Form lösen und heiß oder kalt servieren.
Lauchtorte kann mit einem Glas frischem Most, mit neuem Wein oder mit einem sehr trockenen Weißwein als Vesper gereicht werden.
Wird die Torte als Vorspeise serviert, ist sie für 8 Personen ausreichend. Dann sollte man nur einen trockenen Wein dazu anbieten.

Rettichsalat

4 Portionen à ca.
665 kJ (160 kcal)

**500 g schwarze oder
rote Rettiche,
grobes Meersalz,
¼ l dicke saure Sahne,
schwarzer Pfeffer aus
der Mühle,
1 Prise Zucker,
2–3 Eßl. Weinessig.**

Rettiche unter fließendem Wasser abbürsten, dann schälen und grob raffeln. Mit etwa 2 Teel. Salz gründlich in einer Schüssel mischen und etwa 10 Min. „weinen" lassen. Das Wasser abgießen, aber auffangen.
Die Rettichstreifen probieren, ob sie auch salzig genug sind. Wenn sie gut salzig schmecken, die saure Sahne nur mit Pfeffer, Zucker und Weinessig mischen. Sonst noch etwas von dem Rettichwasser dazugeben.
Rettich und Soße mischen und zugedeckt 20 Minuten in den Kühlschrank stellen. Noch mal ab-

Lauchtorte

schmecken und evtl. mit etwas Rettichwasser nachwürzen.
Zu dem Salat ein kräftiges Bauernbrot mit Butter oder Kräuterschmalz servieren. Als Getränk paßt am besten ein Bier dazu.
Hinweis: Dieser Salat, der aus dem Elsaß stammt, wird auch in Baden häufig als Vespergericht serviert. Er schmeckt aber auch als Beilage zu deftigen Fleischgerichten wie Schweinebraten oder Rinderschmorbraten, jedoch ist dann die Hälfte der Zutaten ausreichend.

Bibeliskäs

4 Portionen à ca. 975 kJ (230 kcal)

500 g ganz frischer Quark,
1/8 l dicke saure Sahne oder Crème fraîche,
1 Bund Schnittlauch,
4 Schalotten oder 2 kleine Zwiebeln,
Salz,
weißer Pfeffer aus der Mühle.

Quark mit der sauren Sahne oder Crème fraîche glattrühren.
Schnittlauch abspülen, gründlich trockentupfen und in dünne Röllchen schneiden. Die geschälten Schalotten oder Zwiebeln ganz fein hacken. Etwas Schnittlauch zurückbehalten, den Rest mit den Zwiebeln unter den Bibeliskäs mischen. Mit Salz und Pfeffer abschmecken. Bergartig auf einer Platte anrichten und mit dem restlichen Schnittlauch bestreut servieren.
Dazu gibt es entweder heiße Pellkartoffeln oder – am besten noch ofenfrisches – Bauernbrot und gut gekühlten Most oder ein Viertele Wein.

Tip *In Baden auf dem Lande wird dieser Quark vielfach von den Bauern noch selber gemacht. Er ist fester als der, den man zu kaufen bekommt. Darum sollte man gekauften Quark evtl. vor dem Mischen mit der sauren Sahne etwas ausdrücken.*
Seinen Namen hat er übrigens von den Bibelis, den Küken, die mit Quarkbröckchen gefüttert werden, damit ihr Fleisch besonders zart und wohlschmeckend wird.

Geröstete Leberle

4 Portionen à ca. 1095 kJ (260 kcal)

400 g Kalbsleber,
250 g Zwiebeln,
20 g Butter,
20 g Butterschmalz,
Salz,

Leber wenn nötig häuten, von allen Röhren befreien und mit Haushaltspapier abtupfen. Dann in dünne Streifen schneiden.
Die Zwiebeln schälen und hacken. Butter und das Butterschmalz in einer großen Pfanne erhitzen.
Zuerst die Zwiebeln darin glasig braten, dann zur Seite schieben und die Leber hineingeben. Unter ständigem Rühren bei

schwarzer Pfeffer aus der Mühle,
½ Teel. Mehl,
3 Eßl. Weißwein,
1 Eßl. Essig,
½ Eßl. grob gehackte glatte Petersilie.

starker Hitze kurz, aber kräftig anbraten. Mit Salz und Pfeffer würzen und mit Mehl bestäuben. Das Mehl unterrühren. Mit Weißwein und Essig ablöschen und ganz kurz einmal aufkochen lassen. Die Leberle mit Petersilie bestreut sofort auftragen.
Dazu gibt es frisches Bauernbrot oder deftige Brötchen. Als Getränk passen Bier, ein trockener Wein oder Most.

Grünkernküchle

4 Portionen à ca. 2220 kJ (530 kcal)

200 g Grünkerngrieß (aus dem Reformhaus),
½ l Fleischbrühe,
100 g nicht zu magerer durchwachsener Speck,
1–2 Zwiebeln,
1–2 Knoblauchzehen,
2 Eßl. gehackte Petersilie oder beliebige Kräuter der Saison,
2 Eier,
3–4 Eßl. Semmelbrösel,
Salz,
schwarzer Pfeffer aus der Mühle,
40 g Schweineschmalz.

Den Grünkerngrieß in die kochende Fleischbrühe einrühren und bei milder Hitze langsam ausquellen lassen. Dabei häufig umrühren, damit die Masse nicht anbrennt. Dann in eine Schüssel geben und abkühlen lassen.
Den Speck fein würfeln und in einer Pfanne bei nicht zu starker Hitze auslassen. Die Grieben aus dem Fett nehmen und beiseite stellen. Zwiebeln und Knoblauchzehen schälen und fein hacken. In dem Speckfett glasig braten. Zusammen mit den Grieben, den Kräutern und den Eiern unter den Grünkernbrei mischen.
So viel Semmelbrösel hinzufügen, daß ein sehr fester Teig entsteht. Mit Salz und Pfeffer pikant würzen. Aus dem Teig etwa 2 cm dicke, handtellergroße Fladen (Küchle) formen.
Das Schweineschmalz in einer großen Pfanne erhitzen und immer 4 bis 5 Küchle auf einmal darin auf beiden Seiten knusprig braun braten. Auf einer vorgewärmten Platte warm halten, bis alle Küchle fertig sind.
Dazu gibt es sauer eingelegte rote Bete oder pikante saure Gurken.
Variation: So oder geringfügig verändert werden die Grünkernküchle am Bodensee zubereitet, wo sich die badische und schwäbische Küche stark vermischen.
In Mittelbaden, wo Grünkern auch wieder „in Mode" kommt, wird für die Küchle meist eine Mischung aus halb Grünkerngrieß, halb gemischtem Hackfleisch zubereitet. In diesem Fall wird das Fleisch, ebenso wie die Zwiebeln, in ausgelassenem Räucherspeck angebraten, ehe daraus die Küchle geformt werden.
Die Fleisch-Grünkern-Küchle werden jedoch selten als Vesper, sondern meist mit Gemüse und einer aus dem Bratfond bereiteten Soße als Hauptgericht serviert.

Den klaren
Schwarzwald-
bächen, sauberen
Rheinnebenarmen
und nicht zuletzt dem
,,Schwäbischen Meer"
verdankt man die delikaten

Fischgerichte

Räucherforelle
in Kräuterdampf

Rezept nächste Seite

Räucherforelle in Kräuterdampf

4 Portionen à ca. 1285 kJ (305 kcal)

2 Schalotten, 1 Knoblauchzehe, 1 Möhre, 1 kleine Petersilienwurzel, ½ Teel. schwarzer Pfeffer, 2 Bund gemischte Kräuter der Saison, gut ⅛ l trockener Weißwein, gut ⅛ l Wasser, 4 geräucherte Forellen von je ca. 300 g, ⅛ l süße Sahne, 6 Stengel Basilikum, 2 Stengel Zitronenmelisse, 2 Stengel Dill, Salz.

(Foto Seite 40/41)

Schalotten und die Knoblauchzehe schälen und hacken. Möhre und Petersilienwurzel schaben und fein würfeln. Pfefferkörner im Mörser zerstoßen.
Kräuter abspülen, trokkenschwenken und auch hacken. Alles mit Wein und Wasser in einem großen Fischtopf zum Kochen bringen und zugedeckt 10 Minuten kochen lassen. Dann die Forellen nebeneinander in den Siebeinsatz des Fischtopfes legen und das Sieb über den Sud hängen.
Den Topf schließen und die Fische in 10 Minuten gardämpfen. Auf einer tiefen, ovalen Platte anrichten und mit einer Schüssel bedeckt warm stellen.
Den Sud durch ein Sieb gießen und mit der Sahne mischen. Bei starker Hitze cremig einkochen.
Übrige Kräuter waschen, gut trockenschwenken und die Blättchen von den Stielen zupfen. Einige Melisseblättchen und Dillzweige zum Garnieren zurückbehalten, den Rest fein schneiden und in die Soße geben. Soße mit Salz nachwürzen und um die Fische gießen. Mit Melisseblättchen und Dillzweigen garnieren.
Dazu nach Belieben Zitronen- oder Limonenscheiben, neue Kartoffeln und Zartgemüse (wie Zuckerschoten, Perlerbsen, Prinzeßböhnchen oder Brokkoli) oder einen besonderen Salat (wie Radicchio, Eichblatt und Frisée gemischt) und einen trockenen Weißwein servieren.

Mandelforelle

4 Portionen à ca. 3005 kJ (720 kcal)

4 küchenfertige Forellen à ca. 300 g, 3 Eßl. Öl, 1 Teel. Salz, ½ Teel. schwarzer Pfeffer aus der Mühle, 4 Eßl. Mehl, 125 g Butter, 125 g Mandelblättchen.

Forellen unter fließendem kaltem Wasser innen und außen gründlich abspülen, dann mit Haushaltspapier trockentupfen.
1 Teel. Öl mit Salz und Pfeffer verrühren und die Forellen damit einreiben. Mehl auf einen Teller schütten und die Forellen darin wenden. Überschüssiges Mehl abklopfen.
Das restliche Öl und 60 g Butter in einer großen Pfanne (oder je zur Hälfte Öl und Butter in zwei kleineren Pfannen) erhitzen und die Forellen auf jeder Seite in 5 bis 6 Min. goldbraun braten.
Eine ovale Servierplatte

erwärmen und mit etwas Butter bestreichen. Die Forellen darauf anrichten. Warm stellen.
Die restliche Butter in der Pfanne erhitzen und die Mandelblättchen darin goldbraun braten. Dabei nicht umrühren, sondern die Pfanne nur hin und wieder rütteln. Butter und Mandeln über die Forellen geben und diese sofort servieren.
Dazu Petersilienkartoffeln und grünen Salat in einem leichten Kräuter-Sahne-Dressing reichen. Als Getränk paßt sowohl ein Riesling als auch ein trokkener Müller-Thurgau.

Rieslingforelle

4 Portionen à ca.
1865 kJ (445 kcal)

4 frisch geschlachtete, küchenfertige Forellen à ca. 300 g,
4 Schalotten,
80 g Butter,
1 Eßl. fein gehackte Petersilie,
Salz,
weißer Pfeffer aus der Mühle,
Saft ½ Zitrone,
knapp ¼ l trockener Riesling,
30 g Mehl,
1 Becher saure Sahne (200 g),
5–6 Stengel glatte Petersilie.

Forellen innen und außen gründlich unter fließendem Wasser abspülen und mit Haushaltspapier sehr gut trockentupfen. Die geschälten Schalotten fein hacken.
Einen länglichen Fischtopf reichlich mit Butter einfetten, die mit Petersilie gemischten Schalotten hineingeben und die innen und außen mit Salz, Pfeffer und Zitronensaft gewürzten Forellen darauflegen. Mit dem Riesling umgießen. Bei starker Hitze rasch einmal aufkochen, die Fische dann mit einem gebutterten Stück Pergamentpapier abdekken und die Form in den vorgeheizten Backofen (240°, Gas Stufe 5) stellen. Die Forellen in etwa 8 Minuten garen. In der Zwischenzeit die restliche Butter mit dem Mehl verkneten.
Die Forellen aus der Form heben. Vorsichtig häuten und filetieren. Die Filets auf einer vorgewärmten, tiefen Platte anrichten und wieder mit dem Papier bedeckt in den abgeschalteten, aber noch warmen Ofen stellen.
Den Fond durch ein Sieb streichen, mit der Mehlbutter verrühren, aufkochen und 5 Minuten köcheln lassen. Vom Herd nehmen und die saure Sahne einrühren. Die Soße erhitzen, jedoch nicht mehr kochen lassen, und um die Filets gießen.
Mit Petersilienblättchen garniert servieren.
Dazu wird frisches Stangenweißbrot und ein Salat der Saison in einer ganz leichten Kräuter-Sahne-Soße gereicht. Als Getränk paßt der Riesling, in dem der Fisch zubereitet wurde, am besten.

Forelle blau in Wurzelsud

4 Portionen à ca.
900 kJ (215 kcal)

4 frisch geschlachtete, aber küchenfertige Bachforellen à ca. 300 g,
Salz,
2 Eßl. Zitronensaft,
2 Möhren,
1 Petersilienwurzel,
1 kleines Stück Knollensellerie,
½ Bund glatte Petersilie,
1 Zwiebel, 2 l Wasser,
je ⅛ l Weinessig und trockener Weißwein,
1 Teel. schwarze Pfefferkörner,
8 Wacholderbeeren,
1 Lorbeerblatt,
1 Zitrone.

Forellen innen und außen gründlich unter fließendem Wasser abspülen. Innen salzen und mit Zitronensaft beträufeln. Möhren, Petersilienwurzel und Sellerie schälen, in Scheiben bzw. Würfel schneiden. Petersilie abspülen und trockenschwenken. Die geschälte Zwiebel vierteln. Alles mit Wasser, Wein, Pfefferkörnern, Wacholderbeeren und Lorbeerblatt in einem großen Topf zum Kochen bringen. Den Sud kräftig salzen und 10 Minuten sprudelnd kochen. Den Topf vom Herd nehmen und die Forellen einlegen. Den Topf wieder auf den Herd stellen, den Sud bis kurz vor dem erneuten Aufkochen erhitzen und die Fische in 8 Min. garziehen lassen. Während des Garvorgangs färbt sich die Haut blau. Die Forellen nun mit einem Schaumlöffel herausnehmen, auf vorgewärmten Tellern anrichten und mit Zitronenschnitzen garnieren.
Dazu zerlassene Butter, neue Kartoffeln, grünen Salat in Kräuter-Sahne und einen trockenen Riesling servieren.

Hecht in Zwiebelrahm

4 Portionen à ca.
3360 kJ (800 kcal)

1 frisch geschlachteter, aber küchenfertiger Hecht von etwa 2,5 kg,
Salz,
weißer Pfeffer,
2 Bund Petersilie,
60 g Butter,
4 Zwiebeln,
100 g in dünne Scheiben geschnittener durchwachsener Speck,
⅛ l trockener Weißwein (Riesling oder Gutedel),
¼ l süße Sahne,
1 Zitrone.

Den Hecht innen und außen gründlich abspülen und trockentupfen. Innen mit Salz und Pfeffer einreiben. Die Petersilie abspülen und trockentupfen. 6 Zweige Petersilie und zwei nußgroße Stücke Butter in den Hecht füllen. Die Zwiebeln schälen und fein hacken. Die restliche Petersilie hacken. Die Butter in einem Bräter zerlassen. Zwiebeln darin glasig braten. Die Hälfte der gehackten Petersilie dazugeben. Den Hecht auf das Zwiebelbett setzen und mit den Speckscheiben bedecken. In den vorgeheizten Backofen (225°, Gas Stufe 4) schieben und 60 Minuten backen. Nach etwa 20 Minuten Garzeit den Wein angießen und nach weiteren 20 Min. die Sahne. 10 Min. später die Speckscheiben entfernen.
Den Hecht auf einer großen, vorgewärmten Platte anrichten, mit der restlichen Petersilie bestreuen, mit Zitronenschnitzen garnieren und mit einem Teil des Zwiebelrahms umgießen. Die restliche Soße getrennt reichen.
Dazu „abgeschmälzte" Bandnudeln, einen Salat der Saison und den „Kochwein" servieren.

Forelle blau
Wurzelsud

Hecht in Zwiebelrahm

Badische Hechtklößchen

6 Portionen à ca. 2400 kJ (575 kcal)

1 frisch geschlachteter Hecht von ca. 1200 g,
2 Eiweiß,
1 Ei,
Salz,
ganz fein gemahlener weißer Pfeffer aus der Mühle,
1 Zwiebel,
1 Lorbeerblatt,
2 Nelken,
1 Bund Suppengrün,
1½ l Wasser,
¾ l süße Sahne,
⅛ l trockener Riesling,
50 g Butter.

Den Hecht vom Fischhändler filetieren lassen, aber die Abfälle mitnehmen. Zu Hause die Gräten aus den Fischfilets ziehen. Den Fisch im Mörser fein zerstoßen (man kann ihn auch im Mixer pürieren, dann aber nur auf niedrigster Stufe, damit die Fasern nicht zu musig werden). Die Hechtmasse durch ein flaches Haarsieb streichen, damit auch die winzigen Gräten entfernt werden.
Eiweiß zu halbsteifem Schnee schlagen und zusammen mit dem Ei unter die Fischmasse rühren. Mit Salz und Pfeffer abschmecken und die Masse zugedeckt 2 Stunden in den Kühlschrank stellen.
In der Zwischenzeit den Fischsud zubereiten: Die geschälte Zwiebel mit dem Lorbeerblatt und den Nelken spicken. Suppengrün putzen, waschen und grob würfeln. Die Fischabfälle unter kaltem Wasser abspülen und mit Zwiebel und Suppengrün in dem Wasser aufkochen und zugedeckt mindestens 45 Minuten ziehen lassen. Dann durch ein Haarsieb gießen.
Die Schüssel mit der Fischmasse auf ein Eiswürfelbett stellen und langsam ½ l gut gekühlte Sahne unterrühren. Die Farce noch mal 30 Minuten in den Kühlschrank stellen.
Den Sud mit dem Riesling zum Kochen bringen. Die Hitze dann reduzieren, der Sud soll nur eben sieden. Von der Farce mit zwei Teelöffeln kleine Klößchen abstechen und in den Sud gleiten lassen. Sie sollen 10 Minuten leise sieden (auf keinen Fall aufkochen, sonst zerfallen sie). Fertige Klößchen mit einem Schaumlöffel herausnehmen, abtropfen lassen und in einer vorgewärmten Schüssel zugedeckt warm stellen, bis alle zubereitet sind.
Von dem Sud die Hälfte abmessen, noch mal durch ein mit einem Filter ausgelegtes Sieb gießen, mit der restlichen Sahne mischen und bei starker Hitze um die Hälfte einkochen. Den Topf dann vom Herd nehmen und flöckchenweise die gut gekühlte Butter einrühren.
Die Soße mit Salz und Pfeffer abschmecken und über die Klößchen gießen. Rasch auftragen.
Dazu breite Eiernudeln und einen Salat der Saison in Sahnesoße servieren sowie den Riesling, mit dem die Soße bereitet wurde.

Hecht überbacken

4 Portionen à ca.
2785 kJ (665 kcal)

1200 g küchenfertiger Hecht ohne Kopf und Schwanzstück, Saft 1 Zitrone, Salz, weißer Pfeffer aus der Mühle, 4 Schalotten, 80 g Butter, 20 g Mehl, ¼ l süße Sahne, 60 g (möglichst frisch) geriebener Parmesan, 2 Eßl. Semmelbrösel, 1 Eßl. feingehackte Petersilie oder Schnittlauchröllchen.

Den Hecht in 4 gleichgroße Stücke teilen, mit Zitronensaft beträufeln und mit Salz und Pfeffer würzen.
Schalotten schälen und in 40 g Butter glasig braten. Die Hechtstücke darauflegen und zugedeckt 5 Minuten dünsten. Den Fisch dann herausnehmen und beiseite stellen.
Das Mehl über die Zwiebeln stäuben und hell anschwitzen. Mit der Sahne ablöschen und einmal aufkochen, dann 5 Min. köcheln lassen.
In der Zwischenzeit die Fischstücke in Parmesankäse wenden. Auf eine tiefe, feuerfeste Platte legen und mit der Sahnesoße übergießen. Den restlichen Käse und die Semmelbrösel mischen und darüberstreuen. Die restliche Butter in Flocken darauf verteilen. Den Fisch in dem vorgeheizten Backofen (220°, Gas Stufe 4) 12 bis 15 Minuten überbacken. Mit Petersilie oder Schnittlauchröllchen bestreut auf der heißen Platte servieren.
Dazu schmecken neue Kartoffeln oder frisches Weißbrot, Salat der Saison und trockener Weißwein.
Variation: Ebenso lassen sich Barsch- oder Zanderstücke zubereiten. Dann jedoch den Parmesan durch den milderen Emmentaler Käse ersetzen.

Egli-Filets nach Meersburgerart

4 Portionen à ca.
1995 kJ (475 kcal)

8 Egli-Filets (Filets vom Barsch) à ca. 125 g, 2 Eßl. Zitronensaft, ¼ l trockener Riesling, Salz, weißer Pfeffer, 250 g frische Champignons, 2 Schalotten, 50 g Butter, ⅛ l süße Sahne, 2 Eigelb, je 1 Eßl. fein gehackte Petersilie und Schnittlauchröllchen.

Aus den Filets eventuell vorhandene Gräten mit einer Pinzette herausziehen. Zitronensaft und 1 Eßl. Riesling mischen und die zuvor ganz leicht gesalzenen und gepfefferten Filets damit beträufeln. 10 Minuten ziehen lassen.
In der Zwischenzeit die Champignons putzen, mit einem Küchentuch abreiben und in dünne Scheiben schneiden. Die geschälten Schalotten fein hacken.
In einer länglichen Kasserolle die Butter erhitzen. Champignons und Schalotten darin andünsten, bis die Schalotten eben glasig zu werden beginnen.
Die Filets dazugeben und den restlichen Riesling angießen. Dann die Form schließen und die Filets bei nicht zu starker Hitze in 8 Minuten garziehen,

nicht kochen lassen. Die Filets auf einer tiefen, vorgewärmten Platte anrichten und zugedeckt warm stellen.
Den Fond mit der Sahne verrühren, bei starker Hitze um etwa ¼ einkochen. Eigelb mit einigen Eßlöffeln dieser Mischung verquirlen und die Soße damit legieren. Um die Filets gießen und diese dann mit Petersilie und Schnittlauch bestreut servieren.
Dazu schmecken am besten neue Kartoffeln oder in Butter geschwenkte breite Bandnudeln. Man kann dazu gedünsteten Spinat oder einen zarten Salat reichen. Als Getränk gehört natürlich ein Riesling dazu.

Froschschenkel in Sahnesoße

4 Portionen à ca. 2250 kJ (540 kcal)

**24 Paar Froschschenkel,
1 großes Bund glatte Petersilie,
1 Knoblauchzehe,
⅜ l trockener Riesling,
Salz,
weißer Pfeffer aus der Mühle,
3 Eßl. Mehl,
100 g Butter,
3 Schalotten oder 1 Zwiebel,
3 Stengel Estragon,
¼ l süße Sahne,
4–5 Stengel Zitronenmelisse.**

Froschschenkel kurz abspülen. ½ Bund glatte Petersilie und die geschälte Knoblauchzehe hacken. Mit dem Weißwein in eine Schüssel geben und die Froschschenkel zugedeckt mindestens 2 Stunden marinieren. Dann abtropfen lassen und gut trockentupfen. Leicht mit Salz und Pfeffer würzen und in dem Mehl wenden. Überschüssiges Mehl abklopfen.
40 g Butter in einer großen Pfanne erhitzen und die Froschschenkel darin in 4 bis 5 Minuten rundherum braun braten. Herausnehmen und zugedeckt warm stellen.
Die geschälten, feingehackten Schalotten und die von den Stielen gezupften Estragonblättchen unter Rühren in der Bratbutter dünsten, bis die Schalotten weich sind. Dann die Marinierflüssigkeit und die Sahne dazugießen, aufkochen und unter häufigem Rühren bei starker Hitze cremig einkochen lassen.
In der Zwischenzeit die restliche Petersilie und die Zitronenmelisseblättchen fein hacken. Die Soße durch ein Sieb gießen. Die restliche, gekühlte Butter flöckchenweise hineinschlagen. Die Soße über die Froschschenkel verteilen. Mit der Petersilie und Zitronenmelisse bestreut servieren.
Dazu frisches Stangenweißbrot, grünen Salat in leichter Kräutermarinade und einen Riesling reichen.

Tip *Wer gerne Froschschenkel ißt, kann das, dank der Tiefkühlindustrie, das ganze Jahr über. Man sollte die Froschschenkel vor der Zubereitung nur halb auftauen lassen, dann etwa 6 Minuten braten. Sie bleiben so besonders zart.*

Froschschenkel
in Sahnesoße

Zanderfilet Müllerinart

4 Portionen à ca. 3285 kJ (785 kcal)

1000 g Zanderfilet,
Saft 1 Zitrone,
Salz,
1 Zitrone,
weißer Pfeffer aus der Mühle,
4 Eßl. süße Sahne,
3 Eßl. Mehl,
125 g Butter,
2 Eßl. feinstes Pflanzen- oder Walnußöl,
125 g blättrig geschnittene Mandeln,
1 Eßl. gehackte glatte Petersilie,
1 Eßl. gehackter Kerbel.

Aus dem Zanderfilet evtl. vorhandene Gräten mit einer Pinzette entfernen. Filets mit Zitronensaft beträufeln und mit wenig Salz bestreuen. 10 Min. ziehen lassen.
In der Zwischenzeit die Zitrone schälen, auch die weiße Haut entfernen. Die Zitrone in etwa 3 mm dicke Scheiben schneiden und beiseite stellen.
Filetstücke mit etwas Pfeffer einreiben, dann in Sahne und Mehl wenden. Überschüssiges Mehl abklopfen.
25 g Butter und das Öl in einer großen Pfanne erhitzen und die Filets auf jeder Seite 3 Minuten braten. Nebenher die restliche Butter in einem Pfännchen goldbraun werden lassen. Mandeln, Petersilie und Kerbel mischen.
Die Filets auf einer vorgewärmten Platte anrichten, mit der braunen Butter umgießen, mit der Mandel-Kräuter-Mischung bestreuen und jedes Filet mit einer Zitronenscheibe garnieren. Sofort servieren.
Dazu kleine Petersilienkartoffeln und einen trokkenen Weißwein reichen.
Variation: Ebenso werden in der alemannischen Küche die zarten Blaufelchen zubereitet.

Karpfen nach Schwabenart

4 Portionen à ca. 2670 kJ (640 kcal)

1 Karpfen von ca. 1500 g, ausgenommen und geschuppt,
Salz,
weißer Pfeffer aus der Mühle,
2 unbehandelte Zitronen,
2 Bund Petersilie,
150 g Butter,
4 Eßl. Mehl.

Den Karpfen innen und außen gründlich abspülen und mit Haushaltspapier trockentupfen. Mit Salz und Pfeffer einreiben. Eine Zitrone ganz dünn schälen, dann auspressen. Den Karpfen innen und außen mit dem Saft beträufeln. Petersilie waschen, abspülen und trokkenschwenken. 1 Bund mit der Zitronenschale und 75 g in Flöckchen geschnittener Butter in den Karpfen füllen.
Den Karpfen in Mehl wenden und das überschüssige Mehl abklopfen. Die restliche Butter in einem Fischbräter erhitzen und den Karpfen auf jeder Seite etwa 5 Min. braten.
In der Zwischenzeit die restliche Petersilie hacken und die zweite Zitrone in Achtel schneiden. Den Karpfen auf einer Platte anrichten, mit der Bratbutter umgießen und diese mit der Petersilie bestreuen. Die Zitronenachtel getrennt reichen.
Dazu gibt es kleine Salzkartoffeln, gedünstete Möhren (gelbe Rüben) und einen gut gekühlten, trockenen Weißwein.

Blaufelchen nach Bodenseeart

4 Portionen à ca. 2515 kJ (600 kcal)

4 frisch geschlachtete, küchenfertige Blaufelchen à ca. 300 g, 6 Schalotten oder 3 kleine Zwiebeln, 80 g Butter, 400 g vollreife Tomaten, 1 kleine, kernlose Salatgurke, Salz, weißer Pfeffer aus der Mühle, 1/4 l süße Sahne, 1/8 l badischer Riesling, 1 Eßl. gehackte glatte Petersilie.

Felchen innen und außen gründlich abspülen und abtropfen lassen, dann vorsichtig filetieren. Schalotten oder Zwiebeln schälen und fein hacken. 40 g Butter in einem ovalen Fischbrattopf erhitzen und Schalottenwürfel darin glasig braten. Tomaten häuten, vierteln, von den Stengelansätzen befreien, entkernen und würfeln. Die geschälte Gurke vierteln, dann ebenfalls würfeln. Die Felchenfilets mit Salz und Pfeffer einreiben. Abwechselnd mit den Tomaten und Gurken auf den Schalotten anrichten. Jeweils die Hälfte der Sahne und des Weins angießen. Die restliche Butter als Flöckchen auf die Filets verteilen. Den geschlossenen Topf in den vorgeheizten Backofen (240°, Gas Stufe 5) stellen und die Felchen in 15 bis 20 Minuten garen, dabei nach und nach die restliche Sahne und den restlichen Wein angießen. Die Felchen mit Petersilie bestreut servieren.
Dazu kleine Kartöffelchen oder Bandnudeln und Riesling reichen.

Aal gedämpft

4 Portionen à ca. 3860 kJ (920 kcal)

1500 g gehäuteter Aal, grobes Meersalz, 2 Eßl. Weinessig, weißer Pfeffer, 250 g kleine Möhren, 2 Petersilienwurzeln, 150 g Knollensellerie, 1 Zwiebel, 4 Nelken, 1 Lorbeerblatt, 1 kleine Stange Lauch, 1 Bund Petersilie, 6 Stengel Basilikum, 1/2 Bund Dill, 40 g Butter, 1/8 l trockener Weißwein, 1/8 l Fleischbrühe.

Den Aal mit Essig beträufeln und mit Salz und Pfeffer leicht würzen. Möhren, Petersilienwurzel. und Sellerie schälen. Möhren und Petersilienwurzel in Scheiben, Sellerie in große Würfel schneiden. Geschälte Zwiebel mit Nelken und Lorbeerblatt spicken. Lauch putzen und in Ringe schneiden. Die Kräuter abspülen.
Alles in einen mit der Butter eingefetteten Topf geben und den rund gebundenen Aal darauflegen. Wein und Brühe angießen. Den Topf gut verschließen und in einen größeren Topf stellen. So viel kochendes Wasser angießen, daß der kleinere Topf knapp zur Hälfte darin steht. Den großen Topf schließen. Den Aal im Dampf in 30 Min. garen, dann herausheben, auf eine vorgewärmte Platte legen. Das Wurzelgemüse in der Mitte anrichten, den Kochsud durch ein Sieb um den Aal gießen und rasch servieren.
Dazu Petersilienkartoffeln, grünen Salat und trockenen Weißwein reichen.

Fleisch und Geflügel

stehen nicht nur an Sonn- und Festtagen auf dem Tisch, denn hier wie dort versteht man die Kunst, auch aus preiswerten Stücken wahre Leckerbissen zu zaubern.

Schäufele in Brotteig
Rezept nächste Seite

Schäufele in Brotteig

8 Portionen à ca. 3800 kJ (910 kcal)

1 Paket Fertigmischung Bauernbrot, 2 l Wasser, 1 Eßl. Salz, 1 Bund Suppengrün, 1 Zwiebel, 1 Lorbeerblatt, 4 Nelken, 10 Pfefferkörner, 6 Pimentkörner, 4 Wacholderbeeren, ½ Teel. getrockneter Thymian, 1500 g leicht geräuchertes und gepökeltes Schäufele (Schweineschulter), 1 Bund gemischte Kräuter der Saison, 2 Eßl. Senf, Mehl zum Ausrollen, 200 g Bratwurstbrät.

(Foto Seite 52/53)

Bauernbrotteig nach Packungsaufschrift zubereiten und gehen lassen. Wasser mit Salz, dem geputzten, in Stücke geschnittenen Suppengrün, der geschälten, mit Lorbeerblatt und Nelken gespickten Zwiebel, den Gewürzkörnern und dem Thymian zum Kochen bringen. Schäufele einlegen und zugedeckt 30 Minuten mehr ziehen als kochen lassen. Dann herausnehmen und gut abtropfen lassen. Besser noch mit etwas Haushaltspapier trockentupfen. Abkühlen lassen.
In der Zwischenzeit die frischen Kräuter waschen, trockenschwenken und hacken. Mit dem Senf vermischen und das Schäufele damit rundherum einreiben.
Den Brotteig auf der bemehlten Arbeitsfläche so groß ausrollen, daß er leicht um das Schäufele geschlagen werden kann. In der Mitte mit etwa ⅓ der Bratwurstmasse bestreichen und das Schäufele darauflegen. Das Fleisch mit dem restlichen Wurstbrät rundherum bestreichen und den Teig darüber zusammenschlagen. Auf ein bemehltes Backblech setzen und im vorgeheizten Backofen (240°, Gas Stufe 5) 45 bis 50 Min. backen. Warm oder kalt servieren.
Dazu gibt es Kartoffelsalat mit Speck (siehe Seite 111) und kühlen Most oder einen trockenen Weißwein. Bier und Schnaps schmecken aber auch.

Tip *Die Kochbrühe sollte man nicht wegschütten. Mit ihrem leichten Rauchgeschmack eignet sie sich sehr gut als Grundlage für Kartoffelsuppe, Erbsen- und Bohnensuppe und Eintöpfe aller Art.*

Gebeiztes Kalbsherz

4 Portionen à ca. 1380 kJ (330 kcal)

1 Kalbsherz von ca. 600 g, ⅜ l badischer Spätburgunder, 2–3 Schalotten (nach Größe), 4 Nelken, 1 Lorbeerblatt,

Kalbsherz halbieren und von allen Sehnen und Röhren befreien. In eine Schüssel geben und mit Rotwein begießen. Die geschälten, grob gehackten Schalotten, Nelken, Lorbeerblatt, Pfefferkörner und die geschälte, in Stükke geschnittene Möhre dazugeben und das Herz zugedeckt mindestens 2, besser noch 3 Tage beizen. (Bei heißem Sommerwetter jedoch nur 2 Tage!)
Das Herz dann abtropfen lassen und gründlich trockentupfen. Mit Salz, Pfeffer und Thymian ein-

8 Pfefferkörner,
1 Möhre,
Salz,
weißer Pfeffer aus der Mühle,
½ Teel. gerebelter Thymian,
20 g Butterschmalz,
20 g Butter,
2 Teel. Speisestärke,
4 Eßl. dicke saure Sahne,
1 Prise Zucker.

reiben und in dem heißen Butterschmalz rundherum braun anbraten. Die Butter dazugeben und das Herz unter häufigem Wenden noch 5 Minuten braten. Dann mit der Beize ablöschen und zugedeckt bei milder Hitze 60 Min. schmoren lassen.
Das Herz herausnehmen und warm stellen.
Den Bratfond durch ein Sieb streichen und wieder in den Topf geben. Speisestärke mit etwas Wasser glattrühren, den Fond damit binden, mit saurer Sahne und Zucker abschmecken. Wenn nötig mit Salz und Pfeffer nachwürzen.
Das Herz in dünne Scheiben schneiden und in der Soße noch mal erwärmen. In einer vorgewärmten Schüssel servieren.
Dazu schmecken Spätzle oder „abgeschmälzte" Bandnudeln und Salat der Saison. Als Getränk ist der Spätburgunder zu empfehlen, der auch zum Kochen verwendet wurde.

Schwäbischer Rostbraten

4 Portionen à ca. 2600 kJ (620 kcal)

4 Scheiben Roastbeef (Rostbraten) von je ca. 150 g,
schwarzer Pfeffer aus der Mühle,
⅛ l sehr gutes Pflanzenöl,
500 g Zwiebeln,
Salz,
20 g Butter,
1 Eßl. gehackte Petersilie.

Roastbeefscheiben am Fettrand jeweils dreimal einschneiden. Dann mit reichlich Pfeffer übermahlen und diesen kräftig einmassieren. Jede Fleischscheibe dünn mit Öl bestreichen und 10 Min. ruhen lassen.
In der Zwischenzeit die Zwiebeln schälen und in dünne Scheiben schneiden. Das restliche Öl erhitzen und die Zwiebeln darin bei starker Hitze unter häufigem Wenden goldbraun braten.
Nebenher die Fleischscheiben in einer zuvor erhitzten Pfanne auf jeder Seite 2 Min. anbraten. Mit einem Pfannenwender (nicht mit einer Gabel!) herausnehmen, die Butter in der Pfanne aufschäumen lassen und das Fleisch auf jeder Seite noch mal 2 Min. braten lassen. Dann erst mit Salz würzen und auf vorgewärmten Tellern anrichten.
Die Zwiebeln gründlich abtropfen lassen, ebenfalls mit Salz würzen und auf die Fleischscheiben häufen. Mit Petersilie bestreuen und sofort servieren.
Dazu Röstkartoffeln und Endiviensalat reichen. Als Getränk ist ein Württemberger Rotwein zu empfehlen.

Tip *Besonders zart wird das Fleisch, wenn es schon am Vortag mit Pfeffer und Öl eingerieben wird.*

Gekochte Ochsenbrust

4 Portionen à ca.
4685 kJ (1120 kcal)

**300 g Rinderknochen,
1 Markknochen,
Wasser, Salz,
1 Zwiebel,
1 Lorbeerblatt,
4 Nelken,
4 Wacholderbeeren,
10 Pfefferkörner,
1000 g Ochsenbrust,
1 kleine Sellerieknolle,
2 Möhren,
4 dünne Stangen
Lauch (Porree),
40 g Butter,
30 g Mehl,
⅛ l süße Sahne,
3–4 Eßl. frisch geriebener Meerrettich,
2 Eßl. Zitronensaft,
1 Prise Zucker,
1 Eigelb.**

Die Rinder- und Markknochen unter fließendem Wasser abspülen, in einen Topf geben und so viel Wasser angießen, daß es gut dreifingerhoch darüber steht. Kräftig salzen, zum Kochen bringen und abschäumen.
Die geschälte Zwiebel mit Lorbeerblatt und Nelken spicken, zusammen mit den Wacholderbeeren, den Pfefferkörnern und dem Fleisch ins Wasser geben. Fleisch bei milder Hitze zugedeckt 2 Stunden mehr ziehen als kochen lassen.
Sellerieknolle und Möhren schälen. Sellerieknolle vierteln, Möhren mit einem Buntmesser in Scheiben schneiden. Den Lauch putzen und das dunkle Grün fast vollständig entfernen. Lauch in etwa 4 cm große Stükke schneiden. Das Gemüse 25 Minuten vor Ende der Garzeit zu dem Fleisch geben. Dann das Gemüse vorsichtig mit einem Schaumlöffel herausnehmen und zugedeckt warm stellen.
Von der Bouillon ⅜ l abmessen und durch ein Sieb gießen. Für die Soße die Butter erhitzen und das Mehl darin unter Rühren goldgelb werden lassen. Mit der Bouillon ablöschen, aufkochen und 8 Min. kochen lassen. Die Soße dabei häufig umrühren.
Nebenher das Fleisch in etwa 1 cm dicke Scheiben schneiden und zusammen mit dem Gemüse auf einer vorgewärmten Platte anrichten.
Die Soße mit Sahne verfeinern, mit Meerrettich, Zitronensaft und Salz abschmecken und mit Eigelb legieren. Getrennt zu dem Fleisch reichen.
Dazu gibt es neue Kartoffeln und als Getränk einen leichten Rotwein oder kühlen Rosé.

Tip *Als Vorspeise kann man – wie auf dem Bild – die übrige Rinderbouillon mit Flädle (hauchdünne, in feine Streifen geschnittene Pfannkuchen) servieren. So war es jedenfalls früher am Sonntag in Baden üblich.
Dieses Menü steht übrigens nicht selten auf der Speisekarte ländlicher Gasthäuser, dann wird oft dazu noch Preiselbeerkompott angeboten, was aber wohl eher den norddeutschen Gästen zuliebe geschieht als der Tradition wegen.*

Gekochte
Ochsenbrust

Gebackene Kalbsbriesle

4 Portionen à ca. 1760 kJ (420 kcal)

600 g Kalbsbries, 1 Bund Suppengrün, 1 Zwiebel, 2 Nelken, 1 Lorbeerblatt, ¾ l sehr kräftige Fleischbrühe, 2 Eier, 60 g Paniermehl oder Semmelbrösel, 60 g Butter.

Kalbsbries mindestens 2 Stunden in kaltes Wasser legen, damit das Blut austreten kann. Wasser ab und zu erneuern.
Das Suppengrün putzen und grob schneiden.
Die Zwiebel schälen, mit den Nelken und dem Lorbeerblatt spicken. Mit der Fleischbrühe in einen großen Topf geben und die Brühe zum Kochen bringen, mindestens 30 Minuten köcheln lassen.
Bries in die Brühe legen und in 10 Minuten eben unter dem Siedepunkt garziehen lassen. Dann gut abtropfen lassen, häuten und Röhren und Knorpel entfernen. Bries zum Abkühlen zwischen zwei Bretter legen. Das obere Brett mit einem Gewicht oder einer Konservendose beschweren. So ziehen die Brieschen sich beim Braten nicht zusammen.
Die abgekühlten Brieschen in etwa 2 cm dicke Scheiben schneiden. Zuerst in den mit einigen Tropfen Wasser verquirlten Eiern, dann in den Semmelbröseln wenden.
Die Butter in einer großen Pfanne erhitzen und die Brieschen darin auf jeder Seite in etwa 3 Minuten goldbraun braten.
In Schwaben werden dazu Kartoffelsalat und grüner Salat gereicht. Man kann aber auch Weißbrot und eine Remouladensoße servieren.
In Baden wird das vorbereitete Bries meist unpaniert in reichlich Butter gebraten und mit Bratkartoffeln und Kopfsalat kombiniert. Oder man schneidet das gargezogene Bries in fingerdicke Scheiben, übergießt es mit brauner Butter und reicht dazu Spätzle und zartes Gemüse.

Gefüllter Saumagen

8 Portionen à ca. 2385 kJ (570 kcal)

1 Saumagen = Schweinemagen (schon vom Fleischer gesäubert), grobes Salz, je 200 g mageres Rind-, Kalb- und Schweinefleisch, 150 g durchwachsener Speck,

Schweinemagen – auch wenn er schon vorgereinigt ist – über Nacht wässern. Dann abtropfen lassen und einige Male mit grobem Salz einreiben, damit die Schleimschicht abgeht. Anschließend kalt abspülen.
Fleischwürfel in etwa 2 cm große Würfel schneiden. Speck fein würfeln und in einer Pfanne auslassen. Die Grieben herausnehmen und beiseite stellen. Das Fleisch in dem Fett scharf anbraten. Mit einem Schaumlöffel herausnehmen und die in der Zwischenzeit geschälten, feingehackten Zwie-

200 g Zwiebeln,
125 g altbackenes Weißbrot ohne Rinde,
1/8 l kochende Milch,
125 g körnig gekochter Reis,
125 g grobes Kalbsbratwurstbrät,
200 g frische Champignons,
je 1/2 Bund glatte Petersilie, Kerbel und Schnittlauch,
2–3 Eier,
Salz,
schwarzer Pfeffer aus der Mühle,
geriebene Muskatnuß,
1 Teel. gerebelter Majoran,
40 g Schweineschmalz,
ca. 1/2 l Fleischbrühe,
1/8 l trockener Weißwein.

beln in dem Bratfett glasig werden lassen. Dann vom Herd nehmen.
Weißbrot in Würfel schneiden und mit der Milch übergießen. Mit den Fleischwürfeln, den Zwiebeln, den Speckgrieben, dem Reis und dem Kalbsbratwurstbrät mischen.
Champignons putzen, mit einem Küchentuch abreiben und in dünne Scheiben schneiden. Die Kräuter abspülen, trockenschwenken und hacken bzw. in Röllchen schneiden. Zusammen mit den Eiern unter die Füllmasse mischen. Mit Salz, Pfeffer, Muskatnuß und Majoran würzen. Den innen und außen gut trockengetupften Saumagen füllen – jedoch nicht zu fest, damit er während des Garens nicht platzt – und dann zunähen.
Das Schweineschmalz in einem großen Topf erhitzen und den Saumagen darin rundherum bei nicht zu starker Hitze hellbraun anbraten. Etwas Fleischbrühe angießen und den Saumagen zugedeckt schmoren lassen. Sobald die Brühe verkocht ist, neue zufügen. Die gesamte Garzeit beträgt 2 Stunden. Den Saumagen herausnehmen und den Bratfond mit dem Wein ablöschen.
Den Saumagen in etwa 2 cm dicke Scheiben schneiden und auf einer vorgewärmten Platte anrichten, mit einem Teil von dem Fond umgießen, den Rest dann getrennt reichen.
Dazu gibt es Lyoner Kartoffeln (siehe Seite 106) und reichlich gemischten Salat der Saison. Als Getränk ist ein trockener Müller-Thurgau oder ein Riesling zu empfehlen.

Eingemachtes Kalbfleisch

4 Portionen à ca. 2520 kJ (600 kcal)

750 g mageres Kalbfleisch (aus Schulter oder Keule),
1 Zwiebel,
1 Bund glatte Petersilie,
1 Lorbeerblatt,
4 Nelken,
10 Pfefferkörner,
4 Pimentkörner,
1/2 l trockener Weißwein (Gutedel oder Müller-Thurgau),

Das Kalbfleisch in etwa 4 cm große Würfel schneiden. Zwiebel schälen und ebenso wie die Hälfte der zuvor abgespülten, trokkengetupften Petersilie hacken. Zusammen mit dem Fleisch, dem Lorbeerblatt, den Nelken, Pfeffer- und Pimentkörnern in eine Schüssel geben und mit Wein übergießen. Zugedeckt 24 Stunden beizen.
Am nächsten Tag die Fleischwürfel herausnehmen und abtropfen lassen. Die Beize durchsieben und zusammen mit dem gut gesalzenen Wasser zum Kochen bringen. Die Fleischwürfel einlegen und zugedeckt bei nicht zu starker Hitze 20 Min. mehr ziehen als kochen lassen.
Fleischwürfel mit einem Schaumlöffel heraus-

¼ l Wasser,
Salz,
60 g Butter,
40 g Mehl,
1 kleiner Becher süße Sahne (100 g),
2 Eigelb,
weißer Pfeffer aus der Mühle,
geriebene Muskatnuß.

nehmen und beiseite stellen. Die Flüssigkeit bei starker Hitze um gut ¼ reduzieren.
Butter in einem Topf erhitzen und das Mehl darin hell anschwitzen. Mit der Kochflüssigkeit ablöschen und 10 Minuten unter kräftigem Rühren köcheln lassen. Den Topf vom Herd nehmen.
Die Sahne mit dem Eigelb und etwas Soße verquirlen, dann die Soße damit legieren. Mit Pfeffer, Muskatnuß und eventuell noch Salz abschmecken.
Das Fleisch hineingeben, noch mal erhitzen, jedoch nicht mehr aufkochen lassen. Restliche Petersilie hacken und dann über das Fleisch streuen.
Dazu breite Nudeln und Salat der Saison servieren. Als Getränk den Wein reichen, der auch zum Kochen verwendet wurde.

Tip *Die Soße wird besonders pikant, wenn man noch ein paar Kapern hineingibt.*

Gefüllte Schweinenieren

4 Portionen à ca. 2965 kJ (710 kcal)

4 kleine Schweinenieren von ca. 200 g,
4 Schalotten oder 2 kleine Zwiebeln,
100 g fetter Speck,
100 g roher Schinken,
250 g frische Pfifferlinge (ersatzweise 150 g Pilze aus der Dose),
1 Bund glatte Petersilie,
½ Bund Kerbel,
Salz,
weißer Pfeffer aus der Mühle oder grob geschrotet,
40 g Butter,
⅛ l trockener Weißwein,
⅛ l Fleischbrühe,
3 Eßl. dicke saure Sahne oder Crème fraîche.

Die Nieren an der Innenseite aufschneiden, von Fett und Sehnen befreien und gut 1 Stunde in kaltes Wasser legen. Wasser hin und wieder abgießen und erneuern.
In der Zwischenzeit die geschälten Schalotten oder Zwiebeln fein hakken, Speck und Schinken ganz fein würfeln.
Pfifferlinge putzen und die Hälfte von ihnen auch grob hacken (Dosenpilze abgießen, Flüssigkeit dann für die Soße mitverwenden).
Petersilie und Kerbel abspülen, trockenschwenken und ebenfalls hacken. Alles gründlich mischen und in die abgetropften, trockengetupften Nieren füllen. Die Nieren mit Holzstäbchen zustecken.
Mit Salz und Pfeffer einreiben und in der heißen Butter rundherum in etwa 5 Minuten anbraten. Die restlichen Pilze dazugeben. Wein und Fleischbrühe angießen und die Nieren zugedeckt noch 10 Min. dünsten lassen. Vom Herd nehmen und den Fond mit der sauren Sahne oder der Crème fraîche binden. Nieren mit dem Fond umgossen servieren.
Dazu entweder frisches Stangenweißbrot oder Bandnudeln und grünen Salat und einen trockenen Weißwein reichen.

Gefüllte
hweinenieren

Kalbsvögerl auf alte Art

4 Portionen à ca. 2285 kJ (545 kcal)

4 Scheiben Kalbfleisch aus der Keule von je 125 g, 16 dünne Scheiben durchwachsener Speck (ca. 150 g), 2 Eßl. Semmelbrösel, 2 Zwiebeln, 1 Bund Petersilie, schwarzer Pfeffer aus der Mühle, 40 g Butter, 1/8 l kräftige Kalbsbrühe (am besten selbstgekocht), 1/8 l trockener Weißwein, 1/8 l dicke saure Sahne oder Crème fraîche, Salz.

Das Kalbfleisch so dünn wie möglich klopfen, dann jede Scheibe längs in vier Streifen teilen, die etwa ebenso breit wie die Speckscheiben sind.
Speckscheiben in den Semmelbröseln wenden und die Fleischscheiben damit belegen.
Zwiebeln schälen, halbieren und in Streifen schneiden, Petersilie abspülen, trockenschwenken und hacken. Auf die Fleischscheiben verteilen und kräftig mit Pfeffer übermahlen. Die Fleischscheiben zu kleinen Rouladen zusammenrollen und mit Holzstäbchen feststecken.
Butter in einem länglichen Bräter erhitzen und die Kalbsvögerl darin rundherum in 5 Minuten anbraten. Brühe und Wein mischen und etwa einfingerhoch angießen. Kalbsvögerl ca. 10 Minuten schmoren lassen, dabei nach und nach die Hälfte der Mischung dazugeben. Die Rouladen herausnehmen und auf einer tiefen Platte anrichten.
Restliche Brühe-Wein-Mischung und die Sahne in den Bräter geben und cremig einkochen lassen. Dann erst mit Salz und Pfeffer abschmecken. Die Soße um die Rouladen gießen.
Dazu Salzkartoffeln oder Spätzle und Gemüse der Saison oder gemischten Salat in einer feinen Kräutermarinade reichen.
Als Getränk ist ein trockener Weißwein ebenso geeignet wie ein kühler Weißherbst.

Filet-Spätzle-Topf

4 Portionen à ca. 4770 kJ (1140 kcal)

4 Scheiben Schweinefilet von je 80 g, 4 Scheiben Rinderfilet von je 80 g, 4 Scheiben Kalbsfilet von je 75 g, grob gemahlener schwarzer Pfeffer, 2 Eßl. Kirschwasser, 400 g Spätzle, Salzwasser, 4 große Zwiebeln, 100 g Butter,

Alle Filets mit Haushaltspapier abtupfen. Mit Pfeffer bestreuen und diesen mit dem Handballen einmassieren. Die Rinderfilets auf beiden Seiten mit dem Kirschwasser beträufeln.
Spätzle in dem sprudelnd kochenden Salzwasser garen. Sobald sie hochgestiegen sind, mit einem Schaumlöffel herausheben und in eine Schüssel mit lauwarmem Wasser legen.
Nebenher die Zwiebeln schälen und in dünne Ringe schneiden. In 60 g Butter goldgelb braten, dann die abgetropften Pfifferlinge dazugeben und noch 5 Minuten dünsten.
Die restliche Butter und das Öl im Verhältnis 1:1 in zwei großen Pfannen erhitzen und die Filets

250 g Pfifferlinge aus der Dose,
4 Eßl. Öl,
½ Bund Petersilie,
½ Bund Kerbel,
⅛ l Fleischbrühe,
$^1/_{10}$ l Rotwein,
$^1/_{10}$ l süße Sahne,
1 geh. Teel. Speisestärke,
1 Teel. Tomatenpüree.

(Titelfoto)

darin auf jeder Seite 3 Minuten braten, dann herausnehmen, salzen und warm halten.
Nebenher die Kräuter waschen, trockenschwenken und fein hacken.
Den Fond in der einen Pfanne mit einem Teil der Fleischbrühe loskochen und in die andere Pfanne gießen. Die restliche Fleischbrühe, Rotwein und Sahne dazugeben und einmal aufkochen lassen. Mit der mit etwas Wasser glattgerührten Speisestärke binden und das Tomatenpüree einrühren. Die Soße mit Salz und Pfeffer abschmecken.
In eine Servierschüssel abwechselnd Spätzle mit Soße, Filets, Zwiebeln und Pfifferlinge schichten. Mit Petersilie und Kerbel bestreut servieren.
Dazu einen leichten Rotwein oder einen kühlen Rosé und Salat der Saison in einer Vinaigrette reichen.

Saure Kutteln

4 Portionen à ca. 1465 kJ (350 kcal)

800 g vom Fleischer vorgekochte Kutteln,
40 g Schweineschmalz,
3 Eßl. Mehl,
1 große Zwiebel,
1 l kräftige Fleischbrühe,
schwarzer Pfeffer aus der Mühle,
2 große Lorbeerblätter,
⅛ l trockener Weißwein,
Salz,
Zucker,
1–2 Eßl. Weinessig.

Die Kutteln noch einmal gründlich unter fließendem lauwarmem Wasser waschen, abtropfen lassen und in etwa 5 mm breite, 4 cm lange Streifen schneiden.
Das Schweineschmalz in einem großen Topf erhitzen, das Mehl dazugeben und hell anschwitzen lassen. Dann die zuvor geschälte, fein gehackte Zwiebel zufügen und alles unter Rühren so lange rösten, bis das Mehl haselnußbraun ist. Mit der Fleischbrühe ablöschen, dabei kräftig mit einem Schneebesen oder einem Kochlöffel rühren. Mit Pfeffer würzen. Die Kutteln und die Lorbeerblätter in die Soße geben und alles zugedeckt bei nicht zu starker Hitze 1 Stunde kochen lassen. Sind die Kutteln noch nicht weich, die Kochzeit um ca. 10 Min. verlängern.
Lorbeerblätter aus der Soße nehmen, den Wein angießen und mit Salz, Zucker und Essig nach Belieben abschmecken. Eventuell mit etwas Pfeffer nachwürzen.
Dazu werden einfache Brötchen gereicht.
Hinweis: Reiche schwäbische Bauern servierten diese Kutteln früher häufig als Zwischengericht bei großen Festessen. In einigen Gegenden wurden dann sogar noch Weintrauben daran gegeben. Heute werden Kutteln als Hauptgericht oder als Vorspeise (dann aber in halber Menge) gereicht.

Schwäbische Fleischküchle

4 Portionen à ca. 2600 kJ (620 kcal)

Je 300 g mageres Kalb- und Schweinefleisch, 150 g mild geräucherter durchwachsener Speck, 50 g Rindermark, 2 Eßl. Semmelbrösel, abgeriebene Schale einer ½ unbehandelten Zitrone, Salz, schwarzer Pfeffer aus der Mühle, 40 g Butterschmalz oder Kokosfett zum Braten.

Beide Fleischsorten und den Speck zusammen mit dem Rindermark durch den Fleischwolf (grobe Scheibe) drehen. Dann mit den Semmelbröseln zu einem festen, aber geschmeidigen Teig kneten. Mit Zitronenschale, Salz und Pfeffer kräftig abschmecken.

Aus dem Fleischteig nicht ganz handtellergroße Fladen formen und in dem sehr heißen Butterschmalz oder Kokosfett auf jeder Seite in etwa 3 Minuten gar braten. Die Fleischküchle auf einer vorgewärmten Platte servieren.

Dazu kann man geröstete Zwiebelringe oder eine Zwiebel-Rahm-Soße und Röst- oder Salzkartoffeln und Bohnengemüse oder gedünsteten Wirsing servieren.

Variation: Der Fleischteig wird viel lockerer, wenn man ihn zusätzlich mit 2 bis 3 Eiern vermischt. Dann besteht aber die Gefahr, daß er beim Braten „zerbricht", es sei denn, man reichert ihn mit mehr Semmelbröseln an, wobei es eine besondere Geschmacksnuance gibt, wenn ⅓ der Einweichflüssigkeit aus Wein besteht.

Kalbsleber auf Spargel und Lauch

4 Portionen à ca. 1915 kJ (455 kcal)

500 g Kalbsleber (am besten von einem Milchkalb), ½ Teel. gerebelter Thymian, 1 Eßl. Walnußöl, 500 g weiße Spargelspitzen, 8 Stangen ganz junger Lauch (Porree) oder Frühlingszwiebeln, Salzwasser, 8 Schalotten, 1 Bund Kerbel, 80 g Butter, ⅛ l Weißherbst, schwarzer Pfeffer aus der Mühle.

Kalbsleber von Sehnen und Röhren befreien und schräg in gleichmäßige Stücke schneiden. Mit Thymian einreiben und mit Öl einpinseln. 25 Min. stehenlassen.

In der Zwischenzeit den Spargel schälen und den Lauch putzen und waschen. Beides getrennt in stark gesalzenem Wasser knackig kochen. Das dauert bei dem Lauch etwa 5, bei den Spargelspitzen etwa 15 Minuten. In Eiswasser abschrecken, abtropfen lassen und beiseite stellen.

Die Schalotten schälen und hacken. Kerbel abspülen, trockenschwenken und einige Blättchen zum Garnieren zurückbehalten, die übrigen auch hacken.

40 g Butter in einer großen Pfanne erhitzen und die Leberscheiben darin auf jeder Seite etwa 2 Minuten braten, dann herausnehmen und warm stellen.

Schalotten und die Hälfte des Kerbels in dem Bratfett glasig braten, mit dem Weißherbst ablöschen. Unter Rühren etwas einkochen lassen. Dann ne-

Kalbsleber auf
Spargel und Lauch

ben dem Herd die Hälfte der restlichen, gut gekühlten Butter in Flöckchen einschlagen. Die Soße mit Salz und Pfeffer abschmecken.
Die noch übrige Butter erhitzen, Spargel und Lauch darin erwärmen. Auf vorgewärmten Tellern anrichten, mit den Leberscheiben belegen und diese mit etwas Salz und Pfeffer bestreuen. Mit der Soße umgießen und mit Kerbel garnieren. Sofort servieren.
Dazu gibt es neue Kartoffeln und als Getränk einen kühlen Weißherbst.

Kalbsleber sauer

4 Portionen à ca. 1480 kJ (355 kcal)

500 g Kalbsleber,
200 g Zwiebeln,
40 g Gänse- oder Schweineschmalz ohne Grieben,
2 Teel. Mehl,
1/8 l trockener Weißwein,
1/8 l süße Sahne,
Salz,
weißer Pfeffer,
1 Prise Zucker,
Weinessig,
abgeriebene Schale einer 1/2 unbehandelten Zitrone,
1 Eßl. feingehackte Petersilie.

Kalbsleber mit Haushaltspapier abtupfen, von Haut und Röhren befreien und in ganz feine Streifen schneiden (schnetzeln).
Zwiebeln schälen und in dünne Ringe schneiden.
20 g Schmalz in einer großen, tiefen Pfanne erhitzen und die Zwiebeln darin goldgelb werden lassen. Dann etwas zur Seite schieben.
Das übrige Schmalz in der Pfanne erhitzen und die Leberstreifen darin unter Rühren 2 bis 3 Minuten braten. Mit Mehl bestäuben, Mehl hell anschwitzen lassen und alles mit Weißwein und Sahne ablöschen. Unter häufigem Rühren 5 Min. köcheln lassen. Dann mit Salz, Pfeffer, Zucker und nach Belieben Weinessig abschmecken.
Die Leber in einer vorgewärmten Schüssel anrichten und mit Zitronenschale und Petersilie bestreut servieren.
Wird die Leber als Vorspeise gereicht, gibt es frisches Weißbrot dazu. Als Hauptgericht serviert man dazu Kratzete (s. Seite 104), Röstkartoffeln oder Kartoffelpüree und Salat, als Getränk trockenen Weißwein.

Feine saure Nierle

4 Portionen à ca. 2090 kJ (500 kcal)

600 g Schweinenieren,
gut 1/4 l Milch,
100 g mild geräucherter durchwachsener Speck,
4 Zwiebeln,
30 g Butter,

Die Nieren längs durchschneiden und sorgfältig alle Fetteile und Sehnen entfernen. Die Nierenhälften dann in eine Schüssel legen und mit Milch ganz bedeckt etwa 30 Min. stehen lassen.
In der Zwischenzeit den Speck in etwa 3 mm breite Streifen schneiden und bei nicht zu starker Hitze in einer tiefen Pfanne oder einem Stieltopf auslassen. Die Zwiebeln schälen und hacken.

**2 Eßl. Mehl,
¼ l kräftige Fleischbrühe,
6 Eßl. herber Weißwein,
2 Eßl. Kräuteressig,
Salz,
schwarzer Pfeffer aus der Mühle,
1 Prise Zucker.**

Die Butter in dem Speckfett erhitzen und die Zwiebeln darin goldbraun braten. Speckgrieben und Zwiebeln mit einem Schaumlöffel aus dem Fett nehmen.
Die Nieren aus der Milch heben, noch mal gründlich unter fließendem, kaltem Wasser abspülen, dann gut mit Haushaltspapier trockentupfen und in feine Scheiben schneiden. Dünn mit Mehl bestäuben.
Fettmischung sehr heiß werden lassen und die Nieren darin unter häufigem Rühren 5 Minuten braten. Mit Fleischbrühe ablöschen und kräftig aufkochen lassen, dann unter gelegentlichem Rühren noch 3 Minuten kochen.
Den Topf vom Herd ziehen, Speck und Zwiebeln in die Soße geben. Die Soße mit Weißwein, Kräuteressig, Salz, Pfeffer und Zucker pikant abschmecken.
Dazu serviert man in Schwaben „Gröschte Kartoffle" (Bratkartoffeln), die nach Belieben mit gehackter Petersilie und/oder Schnittlauchröllchen bestreut werden. Als Getränk paßt der Wein, der auch zum Kochen verwendet wurde. Es schmeckt aber auch ein kühles Bier.

Badischer Beckenofen

8 Portionen à ca. 3470 kJ (830 kcal)

**1000 g Kartoffeln,
500 g Karotten oder Möhren,
400 g Zwiebeln,
250 g Lauch (Porree),
je 500 g geräucherte Schweineschulter, geräucherter Schweinehals und ausgelöstes Kasseler,
1 Schweinefuß,
1 Schweineschwänzchen,
60 g Schweineschmalz,
Salz, 1 Teel. getrockneter Thymian,
schwarzer Pfeffer,
je ⅛ l trockener Weißwein und Fleischbrühe,
2 Lorbeerblätter.**

Gewaschene Kartoffeln, Karotten oder Möhren und Zwiebeln schälen. Lauch putzen. Alles in Scheiben schneiden. Das Fleisch in mundgerechte Stücke schneiden. Den schon vom Fleischer gespaltenen Schweinefuß sowie das Schweineschwänzchen gründlich unter kaltem Wasser abspülen, dabei darauf achten, daß eventuell vorhandene Knochensplitter entfernt werden.
Einen großen, feuerfesten Topf mit Schweineschmalz einfetten. Mit Kartoffeln beginnend Gemüse und Fleisch lagenweise einschichten, dabei das Gemüse mit Salz und Thymian, das Fleisch mit Pfeffer bestreuen. Die oberste Schicht sind Kartoffeln. Mit Wein und Fleischbrühe begießen und die Lorbeerblätter darauflegen. Den Topf sehr fest verschlossen in den vorgeheizten Backofen (220°, Gas Stufe 4) stellen und das Gericht in 3 Stunden garen. In der Form servieren.
Dazu trockenen Riesling reichen.
Hinweis: Es gibt übrigens links und rechts des

Rheins im alemannischen Sprachraum etliche Varianten dieses Gerichts, am bekanntesten ist ganz sicher der elsässische Bäckeofe, der „nur" aus mindestens 3 verschiedenen Sorten Fleisch, Zwiebeln, Kartoffeln und Gewürzen bereitet wird. Jedoch mariniert man das Fleisch zuvor in Riesling, und auch zum Garen wird nur Riesling verwendet.

Tip *Schließt der Topf nicht fest genug, kann er mit einem ganz einfachen Mehl-Wasser-Teig verschlossen werden. Früher nahm man Reste vom Brotteig, denn Beckenofen wurde stets nach dem Brotbacken in den Backofen geschoben, um in der Resthitze langsam gar zu schmoren.*

Gebeizte Ente

4 Portionen à ca. 4705 kJ (1125 kcal)

1 Ente von ca. 1500 g, 5 Knoblauchzehen, 2 Eßl. Meersalz, 6 Wacholderbeeren, 10 schwarze Pfefferkörner, ½ Teel. getrockneter Thymian, 2 Lorbeerblätter, abgeriebene Schale einer ½ unbehandelten Zitrone, 2 Eßl. Öl, 50 g Gänse- oder Schweineschmalz, 2 bis 3 Zwiebeln, 1000 g Kartoffeln, je ⅛ l Wasser und trockener Weißwein.

Ente innen und außen gründlich abspülen, dann in vier Teile tranchieren. Knoblauchzehen schälen. Zusammen mit Meersalz, Wacholderbeeren, Pfefferkörnern, Thymian und Lorbeerblättern in einen Mörser geben und zu einer Paste zerstampfen. Mit Zitronenschale und Öl verrühren und die Ententeile damit einreiben. In eine Schüssel legen, mit Pergamentpapier bedekken und mit einem Brett oder Teller und darauf einem Gewicht oder einer Konservendose beschweren. Ententeile 24 Stunden an einem kühlen Ort beizen.
Dann alle Gewürzreste abkratzen und das Fleisch mit Haushaltspapier trokkentupfen. Die ausgetretene Beizflüssigkeit aber aufbewahren. Schmalz in einem großen Bräter erhitzen und die Entenstücke darin rundherum braun anbraten. Herausnehmen und die geschälten, feingehackten Zwiebeln in dem Bratfett goldbraun braten.
Nebenher die gewaschenen Kartoffeln schälen und in dünne Scheiben schneiden, am besten das Schnitzelwerk der Küchenmaschine (dünne Scheibe) verwenden. Kartoffeln in den Topf geben und die Entenstükke darauf anrichten. Mit Wasser und Wein umgießen und alles zugedeckt bei ganz milder Hitze noch 45 bis 50 Minuten schmoren lassen. Eventuell mit durchgesiebter Beizflüssigkeit abschmekken. In dem Topf servieren.
Dazu kann man beliebigen Salat der Saison oder einen kräftigen Weißkrautsalat und trockenen Weißwein reichen.

Gebeizte Ente

Ente mit Schweinefleischfüllung

4 Portionen à ca. 5905 kJ (1410 kcal)

1 küchenfertige Ente von ca. 2000 g, Salz, schwarzer Pfeffer aus der Mühle, 2 altbackene Brötchen, ¼ l heiße Milch, 1 Entenleber, 150 g Schweinefilet, 2 Eier, je 1 Bund Kerbel und glatte Petersilie, 8 Stengel frischer Majoran, 5 Stengel frischer Thymian, 6 Stengel Basilikum, 1 Prise geriebene Muskatnuß, 40 g Schweineschmalz, 6 dünne Scheiben ganz mild geräucherter fetter Speck, ⅛ l Rotwein, ⅛ l süße Sahne, 2 Eßl. Johannisbeergelee.

Ente innen und außen gründlich abspülen, mit Haushaltspapier trokkentupfen. Mit Salz und Pfeffer einreiben.
Brötchen auf einer feinen Reibe entrinden, in Scheiben schneiden, mit der Milch übergießen.
Die abgetupfte Leber und das gehäutete Filet fein hacken. Das Brot in einem Sieb ausdrücken, mit Leber, Fleisch und Eiern mischen. Die Kräuter abspülen, trockenschwenken und hacken. Ebenfalls in die Füllung geben und diese mit Salz, Pfeffer und Muskatnuß abschmecken. Die Ente damit füllen und zustecken oder zunähen.
Das Schweineschmalz in einem großen Bräter erhitzen und die Ente darin rundherum in etwa 10 Minuten anbraten, dann mit der Brustseite nach oben in den vorgeheizten Backofen (220°, Gas Stufe 4) stellen und noch 45 Minuten braten. Nach 10 Minuten die Brustfilets mit den Speckscheiben bedecken, diese nach 20 Min. wieder entfernen. Die Ente während der restlichen Bratzeit häufig mit Bratfett übergießen. Die Ente herausnehmen und warm halten.
Das Bratfett abgießen, den Fond mit 4 Eßl. Wasser loskochen, mit Rotwein und Sahne mischen. Durch ein Sieb streichen und mit dem Johannisbeergelee verrühren. Wenn nötig, mit Salz und Pfeffer nachwürzen.
Die Ente tranchieren, dabei die Bruststücke in Scheiben schneiden und wieder auf den Brustknochen anrichten. Soße getrennt reichen.
Dazu gibt es glasierte Möhren (siehe Seite 110), frisches Weißbrot und einen vollmundigen Spätburgunder.

Martinsgans

8 Portionen à ca. 5845 kJ (1395 kcal)

1 küchenfertige Gans von ca. 4 kg, 500 g Kartoffeln, 200 g Zwiebeln, 200 g mürbe Äpfel,

Die Gans innen und außen gründlich abspülen und trockentupfen.
Die Kartoffeln schälen und fein würfeln. 8 Minuten in kochendem Salzwasser blanchieren, anschließend abtropfen lassen.
Nebenher die geschälten Zwiebeln, die geschälten, entkernten Äpfel und die gewaschene, trockengeschwenkte Petersilie

1 Bund Petersilie,
30 g Butter,
Salz,
schwarzer Pfeffer aus der Mühle,
1 Teel. getrockneter Majoran,
½ l Wasser,
1 Lorbeerblatt,
1 Stengel Beifuß,
1 Salbeiblatt oder ½ Teel. getrockneter Salbei,
1 Teel. Speisestärke.

hacken. Alles in der Butter unter gelegentlichem Rühren glasig braten. Mit den Kartoffeln mischen und die Gans damit füllen. Gans zunähen, mit Salz und Pfeffer einreiben.
In einem großen Bräter das Wasser zum Kochen bringen, die Gans mit der Brustseite nach unten hineinlegen. Lorbeerblatt, Beifuß und Salbei dazugeben. Den Bräter in den vorgeheizten Backofen (220°, Gas Stufe 4) schieben und die Gans unter häufigem Begießen langsam in etwa 2½ Stunden garbraten. Dabei verdunstet das Wasser, das Fett tritt aus, ohne daß die Gans trocken wird. Etwa 30 Minuten vor Ende der Garzeit die Gans umdrehen. Gans auf einer vorgewärmten Platte warm stellen.
Den Fond durch ein Sieb gießen, etwas entfetten und mit der kalt angerührten Speisestärke binden. Soße getrennt zu der Gans reichen.
Dazu gibt es Kartoffelklöße oder Schupfnudeln (siehe Seite 107) und Apfelrotkraut (siehe Seite 114) oder Rosenkohl mit Maronen. Als Getränk paßt ein trockener Weißherbst besonders gut.
Variation: In manchen Gegenden Schwabens wird die Soße mit Apfelkompott gebunden.

Gefüllte Täuble

4 Portionen à ca. 2600 kJ (620 kcal)

4 küchenfertige junge Tauben à ca. 350 g mit Herzen, Lebern und Mägen,
100 g gesalzene Butter,
4 Eßl. Semmelbrösel,
2 Eier,
je 1 Eßl. feingehackte Petersilie und gehackter Kerbel,
1 Schalotte, Salz,
weißer Pfeffer,
geriebene Muskatnuß,
40 g Butter,
2 Möhren, 1 Zwiebel,
8 Scheiben mild geräucherter fetter Speck,
⅛ l Wasser,
⅛ l trockener Weißwein,
⅛ l süße Sahne.

Die Täubchen innen und außen gründlich abspülen und mit Haushaltspapier trockentupfen. Das Brustfleisch vorsichtig mit den Händen vom Gerippe lösen.
Die gesalzene Butter schaumig rühren. Nach und nach die Semmelbrösel, Eier, Kräuter und die geschälte, ganz fein gehackte Schalotte dazugeben. Herzen und Lebern der Täubchen von Häuten und Sehnen befreien, ebenfalls zu der Butter geben und alles gründlich mischen. Mit Salz, Pfeffer und geriebener Muskatnuß pikant würzen. Diese Füllmasse unter das Brustfleisch bis tief unter die Schenkel schieben.
Die Butter in einem großen Bräter erhitzen und die Täubchen darin rundherum 5 bis 8 Minuten anbraten. Die Möhren und die Zwiebel schälen und fein hacken. In das Bratfett geben.
Täubchen mit der Brustseite nach oben legen und mit je 2 Speckscheiben bedecken.
Die Mägen putzen, grob würfeln und zu den Täubchen in den Topf geben.

Den Bräter in den vorgeheizten Backofen (200°, Gas Stufe 3) schieben und die Tauben unter häufigem Begießen mit Bratfett 30 Minuten braten. 10 Minuten vor Ende der Bratzeit die Speckscheiben entfernen. Die Täubchen warm stellen.
Den Bratfond gut entfetten, dann mit dem Wasser loskochen, durch ein Sieb streichen, mit Weißwein und Sahne mischen und bei starker Hitze um ein Drittel einkochen. Eventuell mit Salz und Pfeffer nachwürzen. Soße getrennt zu den Täubchen reichen.
Dazu gibt es Spätzle oder Salzkartoffeln, Feldsalat und kühlen Rosé.

Gänsekeulen auf Winzerart

4 Portionen à ca. 4670 kJ (1115 kcal)

2 Gänsekeulen von je ca. 800 g,
Salz,
weißer Pfeffer aus der Mühle,
30 g Gänseschmalz,
4 Schalotten,
1 unbehandelte Orange,
1/8 l trockener Weißwein,
1/8 l Wasser,
2 Orangen,
125 g helle Weintrauben,
1 Eßl. Zucker,
2 cl Weinbrand.

Gänsekeulen kalt abspülen und trockentupfen. Mit Salz und Pfeffer einreiben. Gänseschmalz in einem Bräter erhitzen und die Keulen rundherum knusprig braun anbraten. Dann zugedeckt bei nicht zu starker Hitze 20 Min. im eigenen Fett schmoren lassen.
In der Zwischenzeit die Schalotten schälen und ganz fein hacken. Die Orange unter lauwarmem Wasser abspülen und die Schale hauchdünn abschneiden, dann in ganz feine Streifen (Juliennes) schneiden. Orange auspressen. Schalotten und Orangenschalen zu den Gänsekeulen geben, Wein und Wasser angießen.
Die Keulen zugedeckt noch 45 Minuten schmoren lassen.
Die beiden Orangen schälen und in Scheiben schneiden. Weinbeeren von den Stielen zupfen, mit kochendem Wasser überbrühen und dann häuten.
Den Zucker unter Rühren bei nicht zu starker Hitze in einer Pfanne schmelzen und leicht karamelisieren lassen. Dann mit Orangensaft ablöschen und etwas einkochen lassen.
Die Keulen in einer vorgewärmten Schüssel anrichten, mit den Orangenscheiben und Weinbeeren garnieren. Den Schmorfond mit Orangensaft und Weinbrand mischen und wenn nötig mit etwas Salz und Pfeffer abschmecken. Um die Keulen gießen.
Dazu schmecken Spätzle oder abgeschmälzte Bandnudeln, ein Salat der Saison in Sahne-Kräuter-Dressing und trockener Weißwein oder ein kühler Rosé.

Gänsekeulen
auf Winzerart

Perlhuhn
in Nußsoße

Rezept nächste Seite

Perlhuhn in Nußsoße

4 Portionen à ca.
3930 kJ (940 kcal)

2 Perlhühner à 750 g,
Salz,
weißer Pfeffer aus der Mühle,
2 Scheiben Toastbrot,
1/8 l trockener Weißwein,
2 Eßl. Cognac oder Weinbrand,
100 g Walnußkerne,
50 g mild geräucherter durchwachsener Speck,
4 Schalotten oder 2 kleine Zwiebeln,
1 kleiner, säuerlicher Apfel,
6 Stengel glatte Petersilie,
1 Ei,
geriebene Muskatnuß,
60 g Butterschmalz,
1 Becher süße Sahne (200 g),
1 Teel. Speisestärke.

(Foto Seite 73)

Perlhühner innen und außen gründlich abspülen, mit Haushaltspapier trokkentupfen und mit Salz und weißem Pfeffer einreiben.
Das Toastbrot in kleine Würfel schneiden, in einer beschichteten Pfanne ohne Fettzugabe goldbraun rösten und in einer Schüssel mit 2 Eßl. Weißwein und dem Cognac oder Weinbrand mischen. Einige Walnußkerne zum Garnieren beiseite legen, den Rest fein hacken.
Den Speck würfeln und in einer Pfanne auslassen. Schalotten oder Zwiebeln und den Apfel schälen, Apfel entkernen. Dann beides hacken. Petersilie abspülen, trockenschwenken und ebenfalls hakken. Alles in das heiße Speckfett geben und unter Rühren in 5 Minuten glasig braten. Zusammen mit den gehackten Nüssen und dem Ei in die Schüssel mit dem Brot geben.
Alles gründlich mischen und mit Salz, Pfeffer und Muskatnuß abschmecken. Die Perlhühner damit füllen und zunähen oder zustecken.
Butterschmalz in einem großen Bräter erhitzen und die Perlhühner darin rundherum braun anbraten. Den Bräter in den vorgeheizten Backofen (200°, Gas Stufe 3) stellen und die Perlhühner in 60 Minuten fertig garen. Dabei hin und wieder mit dem Bratfett begießen. Die Hühner halbieren und in vorgewärmtem Geschirr anrichten.
Von dem Fond einen Teil des Bratfetts abgießen. Den Bratensatz mit dem restlichen Weißwein und der Sahne loskochen. Speisestärke mit etwas Wasser glattrühren, die Soße damit binden. Mit Salz und mit Pfeffer abschmecken und die Walnußhälften daruntermischen. Hühnerhälften mit der Soße umgießen und servieren.
Dazu Weinsauerkraut und Petersilienkartoffeln und einen trockenen Weißwein reichen.

Tip *Nußfüllungen dieser Art sind in Baden, wo es so viele Walnußbäume gibt, sehr beliebt. Sie eignen sich für alle mageren Geflügelarten wie Küken, Puter, Fasan oder Täubchen. Man kann auch noch frische Kräuter wie glatte Petersilie und/oder Kerbel darangeben.*
Wer das Nußaroma noch verstärken möchte, brät das Fleisch statt in Butterschmalz in Walnußöl, das man in guten Feinkostgeschäften oder Reformhäusern kaufen kann.

Mistkratzerle gefüllt

4 Portionen à ca. 3330 kJ (795 kcal)

300 g Kalbsbries,
½ l Fleischbrühe,
4 junge Küken (Mistkratzerle) à ca. 400 g,
2 Bund Suppengrün,
1 Zwiebel,
80 g Butter,
1/10 l Weißwein,
1/10 l Hühnerbrühe,
⅛ l süße Sahne,
100 g Lachsschinken,
½ Bund Kerbel,
8 Stengel glatte Petersilie,
2 Schalotten,
1 Ei,
Salz,
weißer Pfeffer aus der Mühle.

Kalbsbries 2 Stunden in kaltes Wasser legen, damit alles Blut austreten kann. Das Wasser häufig wechseln.
Fleischbrühe zum Kochen bringen und das Bries darin 10 Minuten ziehen, nicht kochen lassen.
Zum Abkühlen mit einem Holzbrett beschweren, dann bleibt das Fleisch fester.
Nebenher die Küken innen und außen abspülen und mit Haushaltspapier trockentupfen. Die Küken vorsichtig entbeinen, dabei aber Schenkel- und Flügelknochen nicht entfernen. Das Fleisch rund um den Halsansatz mit einem scharfen Messer lösen, vorsichtig nach unten ziehen, dabei mit dem Messer von Rippen, Brustbein und Rückgrat lösen. Immer zu den Knochen hin schneiden, damit die Haut nicht verletzt wird. Die ausgebeinten Gerippe in je 6 Teile zerlegen.
Suppengrün putzen, Zwiebel schälen, beides hacken. Zusammen mit den Knochen in 40 g Butter anrösten, dann mit Weißwein, Brühe und Sahne ablöschen und zugedeckt 30 Minuten köcheln lassen.
In der Zwischenzeit das abgekühlte Bries mit den Fingern in seine natürlichen Segmente teilen. Den Schinken ohne Fettrand fein würfeln.
Kerbel und Petersilie abspülen, trockenschwenken und zusammen mit den geschälten Schalotten hacken. Bries, Schinken, Kräuter und Schalotten mit dem Ei mischen und mit Salz und Pfeffer abschmecken. Die Küken damit füllen und mit Holzstäbchen zustekken. Küken mit Salz und Pfeffer einreiben.
Die restliche Butter in einer Kasserolle erhitzen und die Küken darin rundherum 10 Min. anbraten. Dann in den vorgeheizten Backofen (220°, Gas Stufe 4) stellen und 20 Minuten braten. Hin und wieder mit Bratfett übergießen.
In der Zwischenzeit den Knochensud durch ein Sieb gießen. Mit Salz und Pfeffer abschmecken und heiß halten.
Küken halbieren und auf einer vorgewärmten Platte anrichten. Mit Bratfett beträufeln und mit Soße umgießen.
Dazu gedünstete Salatherzen oder Zuckerschoten und Kartoffel-Gratin oder Bandnudeln servieren. Als Getränk schmeckt ein halbtrockener Weißwein oder ein kühler Rosé am besten.

Die Höhen des Schwarzw[illegible]ds und die Felder de[illegible]bene sind seit [illegible]ie „Zulieferer“ von

Wild und Wildgeflügel

Fasan auf Jägerart
Rezept nächste Seite

Fasan auf Jägerart

2 Portionen à ca. 7225 kJ (1725 kcal)

1 küchenfertiger Fasan (ca. 1000 g) mit Herz, Magen und Leber,
1 Bund glatte Petersilie,
½ Bund Kerbel,
1 Ei,
100 g Schweinehackfleisch,
2 Eßl. Semmelbrösel,
Salz,
schwarzer Pfeffer aus der Mühle,
100 g „grüner" (frischer) Speck,
60 g Butter,
1 Bund Suppengrün,
⅛ l Spätburgunder,
½ Teel. Tomatenmark,
150 g frische Pfifferlinge,
75 g frische Perlzwiebeln (ersatzweise die sogenannten Schaschlikzwiebeln),
75 g grüne Weinbeeren,
⅛ l dicke saure Sahne oder Crème fraîche.

(Foto Seite 76/77)

Fasan innen und außen gründlich abspülen und trockentupfen. Herz, Magen und Leber fein hacken. ½ Bund Petersilie und den Kerbel abspülen und ebenfalls hacken. Mit Innereien, Ei, dem Schweinehackfleisch und den Semmelbröseln mischen und mit Salz und Pfeffer abschmecken. Den Fasan damit füllen. Fasan außen mit Salz und Pfeffer einreiben, die Brust und die Keulen mit dem in dünne Scheiben geschnittenen Speck belegen, mit Rouladengarn umwickeln, dabei den Fasan „dressieren", d. h. in Form bringen. 20 g Butter in einem Bräter erhitzen und den Fasan darin rundherum in 15 Minuten anbraten. Nach 10 Minuten das geputzte, grob gehackte Suppengrün dazugeben. Mit dem Spätburgunder ablöschen und das Tomatenmark einrühren. Den Fasan zugedeckt noch 20 Minuten schmoren lassen.
Nebenher die Pfifferlinge putzen, nur große Pilze halbieren oder vierteln. Zwiebeln schälen, Weinbeeren häuten, halbieren und entkernen, die restliche Petersilie abspülen, trockenschwenken und hacken. Die restliche Butter erhitzen, Pfifferlinge und Zwiebeln darin dünsten, bis keine Flüssigkeit mehr vorhanden ist. Die Weinbeeren und Petersilie zufügen und ganz kurz dünsten.
Fasan auf einer vorgewärmten Platte anrichten. Den Fond durch ein Sieb zu der Pilz-Zwiebel-Mischung geben. Mit saurer Sahne oder Crème fraîche verrühren und um den Fasan gießen.
Dazu Kartoffelpüree oder Kroketten und als Getränk einen Spätburgunder servieren.

Frischlingsrücken

4 Portionen à ca. 2920 kJ (695 kcal)

1500 g Frischlingsrücken,
4 Wacholderbeeren,
6 schwarze Pfefferkörner, Salz,
50 g Butterschmalz,
300 g klein gehackte Frischlingsknochen,

Frischlingsrücken wenn nötig häuten. Wacholderbeeren und Pfefferkörner im Mörser ganz fein zerstoßen, mit etwas Salz mischen und alles kräftig in das Fleisch einmassieren.
Butterschmalz in einem länglichen Bräter erhitzen und das Fleisch darin rundherum in etwa 10 Min. anbraten. Dann herausnehmen.
Die zuvor gründlich abgespülten und abgetrockneten Knochen in den Bräter geben und anrösten. Nebenher die Zwiebeln, gelbe Rüben und den

300 g klein gehackte Kalbsknochen,
2 Zwiebeln,
2 gelbe Rüben (Möhren),
100 g Knollensellerie,
½ Bund Petersilie,
50 g Butter,
¼ l Fleischbrühe,
1 Eßl. Speisestärke,
2 Eßl. Milch,
⅛ l dicke saure Sahne oder Crème fraîche,
2–3 Eßl. trockener Weißwein,
1–2 Teel. Zitronensaft.

Sellerie schälen. Ebenso wie die zuvor abgespülte, trockengeschwenkte Petersilie hacken. Auf die Knochen geben und darauf das Fleisch legen.
Mit gut der Hälfte der Butter bestreichen.
Den Bräter in den vorgeheizten Backofen (200°, Gas Stufe 3) stellen und den Rücken noch etwa 40 Minuten braten, dabei hin und wieder mit etwas Bratfett begießen oder mit einem Teil der restlichen Butter bestreichen.
Den fertigen Frischlingsrücken aus dem Bräter nehmen, filetieren und auf einer vorgewärmten Platte anrichten. Mit der restlichen Butter bestreichen und warm stellen.
Die Fleischbrühe in den Bräter gießen, aufkochen und 5 Minuten kräftig durchkochen lassen.
Dann den Fond durch ein Sieb in einen Topf abgießen. Flüssigkeit bei starker Hitze um etwa ⅓ reduzieren. Speisestärke mit Milch verrühren und den Fond damit binden.
Vom Herd nehmen, saure Sahne oder Crème fraîche einrühren. Die Soße nach Belieben mit Weißwein, Zitronensaft und eventuell noch Salz und Pfeffer abschmecken.
Getrennt zu dem aufgeschnittenen Fleisch reichen.
Dazu schmecken Kartoffelkroketten oder Kartoffeln auf Lyoner Art (siehe Seite 106), Feldsalat in einer leichten Kräuter-Sahne-Marinade und ein vollmundiger Rotwein vom Kaiserstuhl.

Rebhühner im Linsenbett

4 Portionen à ca.
4140 kJ (990 kcal)

300 g möglichst kleine, helle Linsen,
2 Zwiebeln,
2 Möhren,
150 g Sellerieknolle,
2 dünne Stangen Lauch (Porree),
50 g Butter oder Butterschmalz,
1¼ l Fleischbrühe (am besten selbstgekocht),
⅛ l trockener Weißwein,
4 küchenfertige Rebhühner à ca. 300 g,
Salz,

Die Linsen mit Wasser bedeckt über Nacht einweichen. Am nächsten Tag auf einem Sieb abgießen.
Zwiebeln, Möhren und Sellerieknolle schälen und in 1 cm große Würfel schneiden. Lauch putzen, die grünen Blatteile entfernen. Den hellen Lauch in 5 mm dicke Scheiben schneiden.
Butter oder Butterschmalz in einem großen Topf erhitzen und das vorbereitete Gemüse darin glasig braten. Die Linsen dazugeben und alles mit der Fleischbrühe und dem Wein aufgießen, zum Kochen bringen.
In der Zwischenzeit die Rebhühner innen und außen abspülen und mit Haushaltspapier abtupfen.
Innen mit Salz einreiben.
Die Zwiebeln oder Schalotten schälen und mit je ¼ Lorbeerblatt und 1 Nelke spicken. In jedes Rebhuhn eine Zwiebel stecken. Die Rebhühner auf die Linsen legen und

4 kleine Zwiebeln oder Schalotten, 1 Lorbeerblatt, 4 Gewürznelken, 100 g mild geräucherter Schinkenspeck, 1 Becher dicke saure Sahne oder Crème fraîche (200 g), weißer Pfeffer aus der Mühle.

den gut verschlossenen Topf in den vorgeheizten Backofen (250°, Gas Stufe 6) stellen. Rebhühner in 60 Min. garen.
Den Speck fein würfeln und in einer Pfanne bei nicht zu starker Hitze langsam auslassen.
Die Rebhühner aus den Linsen nehmen, vorsichtig die Haut abziehen und das Fleisch in großen Stücken von den Knochen lösen, die Keulen und Bruststücke sollten dabei ganz bleiben.

Die Linsen mit der Sahne verrühren. Mit Salz und Pfeffer abschmecken und in eine vorgewärmte Schüssel füllen. Die Rebhuhnstücke darauf anrichten, mit Speckgrieben und -fett begießen und servieren.
Dazu können Spätzle oder Weißbrot gereicht werden. Als Getränk paßt sowohl der Weißwein, mit dem das Gericht abgeschmeckt wurde, als auch ein gut gekühlter Weißherbst.

Rehsteaks in Würzsoße

4 Portionen à ca. 1885 kJ (450 kcal)

4 Rehsteaks, aus der Keule geschnitten à ca. 150 g, 2 Teel. schwarze Pfefferkörner, 6 Wacholderbeeren, 4 Pimentkörner, ½ Lorbeerblatt, 2 cl Kirschwasser, 2 Eßl. Walnußöl, 40 g Butterschmalz, Salz, ⅛ l Spätburgunder Rotwein, ⅛ l süße Sahne.

Die Steaks mit dem Handballen etwas flach klopfen. Pfefferkörner, Wacholderbeeren, Pimentkörner und Lorbeerblatt in einem Mörser ganz fein zerstoßen. Mit Kirschwasser und Walnußöl zu einer Paste verrühren. Die Steaks damit einreiben und die Mischung gründlich in das Fleisch einmassieren. Die Steaks auf eine Platte legen, mit Folie abgedeckt 24 Stunden im Kühlschrank beizen.
Ausgetretenen Fleischsaft auffangen. Die Steaks mit Haushaltspapier abtupfen, anhaftende Gewürze entfernen. Butterschmalz in einer großen Pfanne erhitzen und die Steaks darin auf jeder Seite rund 3 bis 4 Min. braten, salzen und warm stellen.

Den Bratfond mit der Beizflüssigkeit und dem Rotwein ablöschen, durch ein Sieb streichen. Mit Sahne mischen und bei ganz starker Hitze in 5 Minuten unter Rühren dicklich einkochen lassen. Erst dann mit Salz abschmecken.
Steaks auf vorgewärmten Tellern anrichten und mit etwas Soße umgießen. Die restliche Soße getrennt reichen.
Dazu werden in Butter gedünstete Pfifferlinge, in Butter gebratene Schalotten und Kartoffeln auf Dauphiner Art serviert. Das passende Getränk ist der Spätburgunder, der auch für die Soße verwendet wurde.

Rehsteaks
in Würzsoße

Dunkler Hasenpfeffer

4 Portionen à ca.
4040 kJ (965 kcal)

1 junger Hase von ca. 2000 g,
125 g leicht geräucherter fetter Speck,
Salz,
schwarzer Pfeffer aus der Mühle,
1 Eßl. Mehl,
je ¼ l kräftige Fleischbrühe und trockener Rotwein,
1 Kräutersträußchen mit gemischten Kräutern der Saison,
Schale 1 unbehandelten Zitrone,
10 schwarze Pfefferkörner,
6 Pimentkörner,
6 Wacholderbeeren,
1 Lorbeerblatt,
10 Schalotten,
20 g Butter,
1 Hasenleber oder 125 g Kalbsleber,
⅛ l Schweineblut oder Hasenblut,
⅛ l dicke saure Sahne oder Crème fraîche.

Den Hasen wenn nötig häuten, dann die Keulen und die Vorderläufe abtrennen, den Rücken und die Bauchseite in jeweils 4 Teile zerlegen.
Den Speck fein würfeln und in einem großen Bräter auslassen. Die Grieben herausnehmen und beiseite stellen.
Die Hasenteile mit Salz und Pfeffer einreiben und in dem Speckfett rundherum braun anbraten.
Mit Mehl bestäuben und dieses braun anrösten.
Mit Fleischbrühe und Rotwein ablöschen. Den gewaschenen, trockengeschwenkten Kräuterstrauß, die Zitronenschale und die Gewürze zufügen und den Hasen zugedeckt 25 Minuten schmoren lassen.
In der Zwischenzeit die Schalotten schälen, hacken und in der Butter glasig braten. Die Leber ganz fein hacken. 5 Min. vor Ende der Garzeit in den Fond rühren.
Die Hasenteile aus dem Topf nehmen, den Schmorfond durch ein Sieb streichen und unter Rühren einmal aufkochen. Dabei das Blut einlaufen lassen, um die Soße anzudicken. Dann erst die saure Sahne dazugeben und mit Salz und Pfeffer abschmecken.
Das Fleisch in einer Schüssel anrichten, mit der Soße übergießen. Schalotten und Speckgrieben dann noch mal erhitzen und darübergeben.
Dazu Schupfnudeln (siehe Seite 107) oder abgeschmälzte Spätzle, Salat der Saison und Rotwein servieren.

Tip *Es schmeckt sehr gut, wenn man zusätzlich noch 400 g in Butter gebratene Waldpilze mit in den Hasenpfeffer gibt. Die Pilze sollten jedoch frisch, nicht aus der Dose sein.*

Gefüllte Wildtäuble

4 Portionen à ca.
2290 kJ (545 kcal)

4 küchenfertige junge Wildtauben à ca. 350 g,
2 altbackene Brötchen,
Lebern und Herzen der Tauben,
1 Zwiebel,

Die Tauben innen und außen waschen und trockentupfen. Die Brötchen in Wasser einweichen.
Lebern und Herzen, die geschälte Zwiebel und die abgespülte, trockengeschwenkte Petersilie hakken. Die Brötchen ausdrücken und fein auseinanderzupfen.
Die Butter schaumig rühren und mit den vorbereiteten Zutaten und den Eiern vermen-

½ Bund Petersilie,
40 g Butter,
2 kleine Eier,
Salz,
weißer Pfeffer aus der Mühle,
geriebene Muskatnuß,
20 g Butterschmalz,
Mägen der Tauben,
2 Möhren,
1 Stück Brotrinde von Roggenbrot,
¼ l Kalbsbrühe,
⅛ l trockener Weißwein.

gen. Mit Salz, Pfeffer und Muskatnuß abschmecken. Die Täubchen innen mit Salz einreiben. Die Füllung hineingeben und die Täubchen zustecken oder -nähen, auch die Schußstellen zunähen.
Butterschmalz in einem Bräter erhitzen, die Tauben darin rundherum in 10 Minuten anbraten.
Dann die grob gehackten Mägen, die geschälten, in Scheiben geschnittenen Möhren und die Brotrinde dazugeben. Den Bräter in den vorgeheizten Backofen (200°, Gas Stufe 3) schieben und die Tauben noch 20 Minuten braten, dabei hin und wieder mit etwas Kalbsbrühe übergießen. 10 Minuten vor Ende der Garzeit mit etwas Wein begießen. Die Tauben auf einer vorgewärmten Platte anrichten und warm halten.
Den Bratfond mit der restlichen Kalbsbrühe und dem restlichen Wein loskochen und bei starker Hitze um etwa ⅓ reduzieren. Die Soße durch ein Sieb streichen und getrennt zu den Tauben servieren.
Dazu schmecken ein Mischgemüse aus in Speck gedünsteten Zwiebeln, Karotten und frischen Champignons, Kartoffelpüree oder Petersilienkartoffeln. Als Getränk ist ein trockener Weißwein (Riesling oder Ruländer) zu empfehlen.

Rehnüßchen mit Gänselebersoße

4 Portionen à ca. 1945 kJ (465 kcal)

8 Rehnüßchen à ca. 50 g,
1 Teel. grob gestoßener Pfeffer,
1 Eßl. Walnußöl,
5 cl Cognac oder Weinbrand,
50 g Butter zum Braten,
Salz,
je ⅛ l Madeirawein, roter Portwein und Fleischbrühe,
100 g Gänseleberpastete,
⅛ l süße Sahne (Rahm),
rosa Pfeffer.

Rehnüßchen mit dem Handballen in Form drükken. Pfeffer, Walnußöl und 1 cl Cognac verrühren und gründlich in die Fleischstücke einmassieren. Zugedeckt über Nacht im Kühlschrank beizen.
Am nächsten Tag die Butter in einer großen Pfanne aufschäumen lassen, den Schaum abheben und die Rehnüßchen darin auf jeder Seite 3 Minuten braten, dann ist das Fleisch innen noch rosa. Wer es durchgebratener möchte, gibt pro Seite noch 1 Minute Bratzeit dazu, aber nicht mehr, weil das Fleisch sonst trocken wird. Das Fleisch aus der Pfanne nehmen, leicht salzen und auf einer Servierplatte warm stellen.
Den Fond mit Madeira, Portwein und mit Fleischbrühe ablöschen und unter häufigem Rühren um knapp die Hälfte einkochen lassen.
Durch ein Sieb streichen

und mit der Sahne mischen. Wieder um etwa $^1/_3$ reduzieren und die Gänseleberpastete dazugeben. Die Soße glattrühren. Dann erst mit dem restlichen Cognac, rosa Pfeffer und etwas Salz abschmecken. Einen Teil der Soße um die Rehnüßchen gießen, den Rest getrennt reichen.
Dazu in Weißwein gegarte Apfelhälften und Kroketten servieren.

Hirschfilet mit Preiselbeersahne

4 Portionen à ca. 2005 kJ (480 kcal)

**600 g Hirschfilet,
1 Teel. grob gestoßener Pfeffer,
2 Eßl. Walnußöl,
3 Eßl. Kirschwasser,
200 g frische Preiselbeeren (ersatzweise roh gerührte Früchte aus dem Glas),
$^1/_8$ l trockener Rotwein,
1 Teel. Speisestärke,
1 Teel. Zucker,
1 Prise gemahlener Zimt,
1 Becher süße Sahne (200 g),
Salz,
50 g Butterschmalz (ersatzweise 3 Eßl. feinstes Speiseöl und 20 g Butter),
100 g eingemachte Sauerkirschen zum Garnieren.**

Hirschfilet wenn nötig häuten, in 8 gleichmäßige Scheiben schneiden und mit dem Handballen in Form drücken. Pfeffer, Walnußöl und 1 Eßl. Kirschwasser zu einer Paste mischen und diese gründlich in die Fleischscheiben einmassieren. Das Fleisch dachziegelartig in eine flache Schale legen, mit Folie bedecken und mindestens 12, besser noch 24 Stunden beizen.
Am nächsten Tag die Preiselbeeren mit dem Rotwein zum Kochen bringen und frische Beeren in etwa 10 Minuten garen. Speisestärke mit etwas Wasser glattrühren und die Preiselbeeren damit binden. Mit Zucker und Zimt abschmecken und abkühlen lassen.
Dann erst die Sahne steifschlagen, mit den Preiselbeeren und dem restlichen Kirschwasser mischen.
Nebenher die Filetscheiben mit Haushaltspapier abtupfen und mit ganz wenig Salz einreiben.
Das Butterschmalz in einer Pfanne erhitzen und die Filets darin auf jeder Seite 2 bis 3 Minuten braten.
Dann sind sie innen noch stark bis schwach rosa.
Wer das nicht mag, gibt pro Seite 1 bis $1^1/_2$ Minuten Bratzeit dazu.
Die Filets abtropfen lassen und auf einer vorgewärmten Platte anrichten. Mit einem Teil der Preiselbeersahne und den Sauerkirschen garnieren. Restliche Preiselbeersahne getrennt zu dem Wild reichen.
Dazu gibt es noch „geschmälzte" Spätzle (siehe Seite 100) und Salat der Saison (z. B. Endivien in Kräutermarinade oder Feldsalat mit Walnußkernen und Orangenschnitzen in einer leichten Essig-Öl-Soße) oder Sahnewirsing (siehe Seite 115). Als Getränk wird der Rotwein gereicht, mit dem auch die Preiselbeersahne zubereitet wurde.

Hirschfilet
mit Preiselbeersahne

Rehkeule einfache Art

6 Portionen à ca.
2760 kJ (660 kcal)

1 Rehkeule (ca. 1500 g),
Salz,
schwarzer Pfeffer aus der Mühle,
200 g fetter Speck,
40 g Butter,
3 Zwiebeln,
2 Tomaten,
6 Wacholderbeeren,
2 Lorbeerblätter,
6 Gewürznelken,
25 g getrocknete Mischpilze,
1 Eßl. Mehl,
½ l nicht zu stark gewürzte Fleischbrühe,
1 Becher Crème fraîche (200 g).

Rehkeule schon vom Fleischer häuten und möglichst auch entbeinen lassen. Entweder in ein Rollbratennetz stecken oder mit Rouladengarn umwickeln. Mit Salz und Pfeffer einreiben.
Den Speck in ganz feine Scheiben schneiden.
Die Keule zuerst mit der Butter bestreichen, dann in einen Bräter legen und mit den Speckscheiben bedecken.
Die geschälten, in Scheiben geschnittenen Zwiebeln, die geviertelten, von den Stengelansätzen befreiten Tomaten und die Gewürze um die Keule legen. Den Bräter in den vorgeheizten Backofen (250°, Gas Stufe 5–6) schieben.
Die Pilze in ¼ l kochendem Wasser einweichen, 10 Minuten später mit dem Einweichwasser zu der Keule geben. Dann die Temperatur auf 220° (Gas Stufe 4) zurückschalten. Die Keule 90 Minuten braten, dabei häufig mit Bratfond begießen.
Die Keule aus dem Bräter nehmen und warm stellen. Das Mehl in den Fond rühren. Mit Fleischbrühe ablöschen und alles 10 Minuten kochen lassen. Dann leicht entfetten.
In der Zwischenzeit die Keule in dünne Scheiben schneiden und auf einer vorgewärmten Platte anrichten.
Den Fond durch ein Sieb streichen, mit Crème fraîche mischen, mit Salz und Pfeffer abschmekken und einen Teil dieser Soße über das Fleisch gießen, den Rest getrennt servieren.
Dazu schmecken hausgemachte Butterspätzle (siehe Seite 100), Birnen aus der Dose oder selbst eingekocht, mit Preiselbeerkompott oder Preiselbeersahne (siehe Seite 84) gefüllt, und frische Pilze aller Art. Außerhalb der kurzen Pilzsaison kann man mit Maronen gemischten Rosenkohl oder mit Riesling gekochtes Sauerkraut oder Apfelrotkraut (siehe Seite 114) dazu reichen.

Tip *Den ausgelösten Knochen der Rehkeule vom Fleischer zersägen lassen. Zusammen mit 1 Markknochen und 1 Bund gewaschenem, grob gehacktem Suppengrün als Brühegrundlage verwenden. Diese Brühe dann statt der Fleischbrühe für die Soße verwenden.*

Gefüllte Wildentenbrust

4 Portionen à ca. 1995 KJ (475 kcal)

4 küchenfertig entbeinte Wildentenbrüste von je ca. 100 g,
150 g blaue Weintrauben,
150 g Gänseleberpastete,
1 cl Cognac oder Weinbrand,
Salz,
weißer Pfeffer aus der Mühle,
1 Msp. geriebene Muskatnuß,
8 sehr dünne Scheiben mild geräucherter Kochspeck (keinen üblichen durchwachsenen Speck),
¼ l aus Entenknochen gekochte Brühe (siehe Tip),
⅛ l süße Sahne (Rahm),
1 Eßl. gehackte glatte Petersilie.

In die entbeinten Wildentenbrüste mit einem scharfen Messer jeweils eine Tasche hineinschneiden.
Die Weintraube gründlich waschen, abtropfen lassen, die Beeren abzupfen, häuten und halbieren oder vierteln. Dabei auch entkernen. Die Gänseleberpastete mit Cognac oder Weinbrand glattrühren und mit den Weinbeeren mischen. Die Brüstchen damit füllen und mit Holzstäbchen zustecken. Mit Salz, Pfeffer und Muskatnuß einreiben und mit je 2 Scheiben Speck umwickeln.
In einem großen Bräter rundherum knusprig braun anbraten. Dann die Knochenbrühe angießen und die Brüstchen 15 Minuten lang mehr schmoren als braten lassen. Dann die Speckscheiben entfernen und die Brüstchen noch für 5 Minuten in dem vorgeheizten Backofen (250°, Gas Stufe 5–6) nachbraten lassen. Die Brüstchen auf einer vorgewärmten Platte warmhalten.
Den Bratfond mit der Sahne loskochen, durch ein Sieb streichen und etwas einkochen lassen.
Mit Petersilie bestreut getrennt zu den Brüstchen reichen.
Als Beilage passen Kartoffelkroketten und Salat der Saison in einer leichten Sauerrahmsoße. Als Getränk ist ein kühler Weißherbst zu empfehlen.

Tip *Wildentenbrüstchen kann man nicht einzeln kaufen. Man braucht für das obige Gericht also 2 Wildenten, aus denen man eine schmackhafte Brühe kochen kann. Nachdem die Brüstchen ausgelöst wurden, dann auch die Keulen abtrennen. Die etwas zerhackten Knochen zusammen mit gewürfeltem Suppengrün in Butterschmalz anrösten. Mit ca. 2 l Wasser auffüllen und gut 2 Stunden köcheln lassen. Dann erst die Keulen dazugeben und in etwa 20 Minuten garziehen lassen. Einen Teil der durchgesiebten Entenbrühe für die gefüllten Wildentenbrüstchen verwenden. Den Rest zusammen mit dem abgelösten Keulenfleisch einfrieren und bei einem festlichen Menü als Vorsuppe servieren.*

Rehrücken Baden-Baden

4 Portionen à ca. 3580 kJ (855 kcal)

1250 g küchenfertiger Rehrücken,
½ l kräftiger Rotwein (Spätburgunder),
2 Schalotten,
1 Lorbeerblatt,
4 Wacholderbeeren,
10 Pfefferkörner,
4 Zweige Thymian,
75 g Schinkenspeck,
60 g Butterschmalz,
300 g Rehknochen,
1 Bund Suppengrün,
1 Zwiebel,
¼ l Fleischbrühe,
Salz,
2 cl Kirschwasser,
4 reife, aber feste Birnen (z. B. Williams Christ),
⅛ l Weißwein,
1 Eßl. Zucker,
1 Msp. Zimt,
⅛ l süße Sahne,
1 Teel. Speisestärke,
Salz,
weißer Pfeffer aus der Mühle,
100 g Johannisbeergelee.

Rehrücken wenn nötig häuten. In eine ovale Schüssel legen und mit dem Rotwein übergießen. Geschälte, geviertelte Schalotten, Lorbeerblatt, Wacholderbeeren, Pfefferkörner und Thymian dazugeben und den Rehrücken zugedeckt 24 Std. marinieren.
Am nächsten Tag den Schinkenspeck würfeln, in 20 g Butterschmalz auslassen. Die möglichst klein gehackten Rehknochen, das geputzte, grobgehackte Suppengrün und die geschälte, gehackte Zwiebel dazugeben und unter Rühren so lange rösten, bis die Zwiebel goldbraun ist.
Dann mit der Fleischbrühe ablöschen und zugedeckt 2 Stunden bei milder Hitze köcheln lassen.
Diesen Wildfond dann abgießen, durchsieben und entfetten.
Den Rehrücken aus der Marinade nehmen und gründlich trockentupfen.
Mit wenig Salz einreiben. Das restliche Butterschmalz in einem Bräter erhitzen und den Rehrükken darin rundherum 10 Minuten anbraten.
Nebenher die Marinade durchsieben und ¼ l abmessen. Marinade und Wildfond mischen und in einem Topf bei starker Hitze um ⅓ reduzieren.
Zusammen mit dem Kirschwasser um den Rehrücken gießen und diesen im vorgeheizten Backofen (220°, Gas Stufe 4) noch 15 Minuten braten. Dabei hin und wieder etwas von der übrigen Marinade angießen.
Während der Braten gart, die Birnen zubereiten.
Die geschälten Früchte halbieren und entkernen.
Weißwein mit Zucker und Zimt aufkochen und die Früchte darin zugedeckt in 3 Minuten halbweich werden lassen.
Rehrücken aus dem Bräter nehmen und auf einer vorgewärmten Platte mit Alufolie bedeckt warm stellen.
Bratfond und Sahne mischen. Speisestärke in der restlichen Marinade glattrühren und den Fond damit binden. Die Soße mit Salz und Pfeffer abschmecken.
Birnen mit Johannisbeergelee füllen und um den aufgeschnittenen Rehrücken legen. Die Soße getrennt servieren.
Dazu frische Pfifferlinge und Spätzle (s. Seite 100) reichen. Wer mag, kann zusätzlich mit Orangenscheiben und Kaiserkirschen aus dem Glas garnieren.
Als Getränk ist ein süffiger Rotwein wie Spätburgunder zu empfehlen.

Rehrücken Baden-Baden

Gespickte Hasenfilets

Rezept nächste Seite

Gespickte Hasenfilets

4 Portionen à ca.
3690 kJ (880 kcal)

100 g fetter Speck,
3 cl Kirschwasser,
2 küchenfertige Hasenrücken à ca. 800 g,
schwarzer Pfeffer aus der Mühle,
½ Teel. gerebelter Thymian,
75 g durchwachsener Speck,
2 kleine Zwiebeln,
1 Bund Petersilie,
30 g Butter,
je ⅛ l Fleischbrühe und Spätburgunder,
1 Teel. Speisestärke,
100 g dicke saure Sahne oder Crème fraîche,
1 winzige Prise Zucker.

(Foto Seite 89)

Speck in etwa 1 cm dicke Streifen schneiden und zusammengerollt in ein Schälchen legen. Mit dem Kirschwasser übergießen und zugedeckt 60 Minuten durchziehen lassen.
Die Hasenrücken wenn nötig häuten, die Filets mit einem scharfen, spitzen Messer auslösen.
Mit reichlich Pfeffer und Thymian einreiben und etwa 45 Minuten durchziehen lassen.
In der Zwischenzeit den durchwachsenen Speck in dünne Scheiben, die geschälten Zwiebeln in Ringe schneiden. Petersilie abspülen, gründlich trockenschwenken und fein hacken.
Den fetten Speck in etwa 4 cm lange Stücke teilen (Kirschwasser aufheben), die Filets damit spicken.
Durchwachsenen Speck in einem großen Bräter auslassen. Die Butter dazugeben und erhitzen.
Hasenfilets darin rundherum in 10 Minuten anbraten. Zwiebeln und Petersilie an der Seite mitbraten lassen. Die heiße Fleischbrühe und den Spätburgunder angießen und das Fleisch zugedeckt noch ca. 10 Minuten schmoren lassen. Dann die Filets herausnehmen und auf einer vorgewärmten Platte anrichten.
Den Schmorfond etwas entfetten. Die Speisestärke mit dem restlichen Kirschwasser glattrühren und den Fond damit binden, d. h. einmal aufkochen lassen. Dann durch ein Sieb streichen und mit der sauren Sahne oder Crème fraîche verfeinern. Mit etwas Zukker abschmecken. Einen Teil der Soße um die Filets gießen, den Rest getrennt reichen.
Dazu schmecken frische Pilze wie Pfifferlinge oder Steinpilze, hausgemachte Spätzle (siehe Seite 100) und Preiselbeerkompott. Das passende Getränk ist ein vollmundiger Spätburgunder oder ein kräftiger Trollinger.

Tip *In dem obigen Rezept wurde bewußt kein Salz verwendet, weil einmal das Fleisch eines Wildhasen ohnehin sehr würzig ist, zum anderen beide Specksorten und die Fleischbrühe Salz enthalten und an das Fleisch abgeben. Wer aber einen kräftigen Salzgeschmack liebt, sollte die Filets erst nach dem Anbraten salzen, damit der Fleischsaft nicht vorher austritt.*

Wildschweinragout

4 Portionen à ca.
2390 kJ (570 kcal)

800 g Wildschweinfleisch aus der Keule, 1 Zwiebel, 125 g Sellerieknolle, 1 Möhre, 4 Zweige Petersilie, 1 kleiner, frischer Tannenzweig, 5 Wacholderbeeren, ½ Teel. schwarze Pfefferkörner, 2 Lorbeerblätter, ¼ l trockener Rotwein, 100 g durchwachsener Speck, 20 g Butterschmalz, Salz, schwarzer Pfeffer aus der Mühle, ⅛ l Fleischbrühe (am besten aus Wildresten gekocht), ⅛ l dicke saure Sahne, 3 Eßl. roh gerührte Preiselbeeren aus dem Glas, 1 Teel. Speisestärke.

Fleisch in mundgerechte Stücke teilen. Zusammen mit der geschälten, in Scheiben geschnittenen Zwiebel, der geschälten, grob gewürfelten Sellerieknolle und Möhre, der abgespülten Petersilie, dem Tannenzweig und den Gewürzen in eine Schüssel geben. Mit Rotwein begießen und zugedeckt 24 Stunden marinieren.

Am nächsten Tag die Fleischstücke aus der Marinade nehmen und mit Haushaltspapier trockentupfen. Den Speck in einem großen Topf auslassen, dann die Grieben herausnehmen und beiseite stellen.

Butterschmalz in den Topf geben, erhitzen und das Fleisch darin rundherum braun anbraten. Dann erst mit Salz und Pfeffer würzen und die durchgesiebte Marinade angießen.

Das Ragout zugedeckt 60 Minuten schmoren lassen. Dabei nach und nach die Fleischbrühe angießen. Das Ragout noch 10 Minuten im offenen Topf kochen lassen, damit die Flüssigkeit sich etwas reduziert. Dann erst mit der in wenig Wasser glattgerührten Speisestärke binden, die saure Sahne und die Preiselbeeren dazugeben. Das Ragout wenn nötig noch mit Salz und Pfeffer nachwürzen.

Die Speckgrieben noch mal erhitzen und das Ragout vor dem Servieren damit bestreuen.

Dazu schmecken Spätzle, die man mit in Speck und Zwiebeln geschmorten beliebigen Waldpilzen mischen kann. Als Getränk wird ein trockener Rotwein gereicht.

Variation: Ebenso lassen sich Reh- und Hasenfleisch als Ragout zubereiten. Stammt das Fleisch von älteren Tieren, gibt man nach dem Anbraten 1 Glas Wacholder- oder Tresterschnaps über das Fleisch, dann wird es zarter.

Tip *Die Marinade ist auch sehr gut für ein „falsches" Wildgericht: Mundgerechte Würfel von Rinderschmorfleisch darin – allerdings 48 Stunden – einlegen und gleich 1 Glas (2 cl) Wacholderschnaps an die Marinade geben. Das Ragout dann zubereiten wie beschrieben. Dazu schmecken abgeschmälzte Bandnudeln und geschmorte Äpfel.*

Wildschweinkeule mit Kruste

8 Portionen à ca.
1700 kJ (405 kcal)

2 Zwiebeln,
1 Knoblauchzehe,
¼ l Wasser,
1 Lorbeerblatt,
1 Teel. schwarze Pfefferkörner,
1 Teel. Pimentkörner,
8 Wacholderbeeren,
1 Teel. Zucker,
1 Teel. Salz,
½ l kräftiger Rotwein,
⅛ l sehr guter Rotweinessig,
1500 g Wildschweinkeule ohne Knochen,
30 g Butterschmalz,
2 Eßl. Öl,
2 Eßl. Rôtisseursenf,
3 Eßl. Johannisbeergelee,
1 Prise Zimt,
1 Prise gemahlene Nelken,
100 g Vollkornbrot,
1 Teel. Mehl,
1 Becher süße Sahne (200 g).

Zwiebeln und Knoblauch schälen und in Scheiben schneiden. Ins Wasser geben und dieses zusammen mit den Gewürzen einmal aufkochen, dann abkühlen lassen. In einem großen Steingutgefäß mit Rotwein und Rotweinessig mischen und die Keule darin zugedeckt 3 Tage an einem kühlen Ort beizen.
Dann Butterschmalz und Öl in einem Bräter erhitzen und die gründlich abgetrocknete Keule darin rundherum anbraten. Bräter in den vorgeheizten Backofen (220°, Gas Stufe 4) stellen und das Fleisch 90 Minuten braten, dabei nach und nach ½ l der durchgesiebten Beize angießen.
10 Minuten vor Ende der Garzeit den Braten zuerst mit Senf, dann mit Johannisbeergelee bestreichen und mit Zimt und Nelken bestreuen. Das Vollkornbrot ganz fein zerkrümeln oder mit dem Mixstab zerkleinern und über die Keule streuen. Mit etwas Bratfond beträufeln.
Die Keule aus dem Bräter nehmen und auf einer Platte angerichtet noch 5 Minuten in dem abgeschalteten Backofen ruhen lassen.
Den Fond durch ein Sieb streichen. Das Mehl mit etwas Sahne glattrühren und zusammen mit der übrigen Sahne in den Fond gießen. Aufkochen und bei starker Hitze unter Rühren 5 Minuten einkochen lassen. Eventuell mit Salz und Zucker nachwürzen. Die Soße getrennt zu der Keule reichen. Die Keule nach Belieben mit Birnenhälften aus der Dose und Johannisbeergelee garnieren.
Als Beilage Bubespitzle (siehe Seite 102) oder Spätzle und Rosenkohl oder Endiviensalat servieren. Als Getränk einen kräftigen Rotwein reichen.

Wildente in Rahmsoße

4 Portionen à ca.
2210 kJ (530 kcal)

2 Wildenten à ca. 750 g,
8 Wacholderbeeren,
10 schwarze Pfefferkörner,
Salz,

Die vom Händler gerupften und ausgenommenen Wildenten gründlich innen und außen abspülen. Mit Haushaltspapier trockentupfen.
Wacholderbeeren und Pfefferkörner in einem Mörser fein zerstoßen, mit etwas Salz mischen und die Enten damit außen, innen nur mit Salz einreiben. Beide Enten mit den Speckscheiben umwickeln und nebeneinander in die Fettpfanne

Wildschweinkeule
mit Kruste

150 g „grüner" (frischer) Speck, in große, dünne Scheiben geschnitten,
gut 1/8 l Fleisch- oder Hühnerbrühe,
1/8 l trockener Weißwein,
250 g frische Champignons,
6 Eßl. dicke saure Sahne,
1/2 Bund glatte Petersilie.

des Backofens legen. Im vorgeheizten Ofen (200°, Gas Stufe 3) 25 Min. braten. Dann die Speckscheiben entfernen, die Enten mit der Brustseite nach oben noch 10 Minuten braun werden lassen. Auf einer Servierplatte anrichten und warm stellen.
Den Bratfond entfetten, dann mit der Fleisch- oder Hühnerbrühe loskochen. Durch ein Sieb in einen Topf gießen und mit dem Wein mischen. Die zuvor geputzten und in dünne Scheiben geschnittenen Champignons darin in 15 Min. mehr garziehen als garkochen lassen. Die Soße mit saurer Sahne verrühren, eventuell mit Salz und Pfeffer nachwürzen. Mit Petersilie bestreut getrennt zu den Enten reichen.
Dazu Spätzle (s. Seite 100) oder Kartoffelklöße und beliebigen grünen Salat servieren. Als Getränk ist ein gut gekühlter Weißherbst besonders zu empfehlen.

Fasan in Rotweinrahm

4 Portionen à ca. 3370 kJ (805 kcal)

2 junge Fasane à ca. 1000 g,
Salz,
schwarzer Pfeffer aus der Mühle,
8 Pimentkörner,
4 Thymianzweige,
6 Petersilienstengel,
200 g „grüner" (frischer) Speck,
40 g Butterschmalz,
2 Bund Suppengrün,
2 große reife Tomaten,
1/4 l trockener Rotwein,
1/4 l dicke saure Sahne (Sauerrahm) oder Crème fraîche.

Fasane innen und außen abspülen und mit Haushaltspapier trockentupfen. Innen mit Salz, außen mit Salz und Pfeffer einreiben. In jeden Fasan 4 Pimentkörner, 2 Thymianzweige und 3 Petersilienstengel geben. Den Speck in dünne Scheiben schneiden und die Fasane damit umwickeln. In einem großen, ovalen Bräter das Butterschmalz erhitzen und die Fasane darin rundherum anbraten.
Nebenher das Suppengrün putzen und grob würfeln. Die Tomaten vierteln und von den grünen Stengelansätzen befreien.
Suppengrün und Tomaten in den Bräter geben und kurz anrösten lassen. Dann etwa die Hälfte des Rotweins angießen und die Fasane zugedeckt 40 Minuten schmoren lassen. Herausnehmen, die Speckscheiben entfernen. Die oberen, knusprigen Scheiben in dünne Streifen schneiden. Die Fasane tranchieren, auf einer vorgewärmten Platte anrichten, mit den Speckstreifen garniert warm stellen.
Den Bratfond entfetten, mit dem restlichen Rotwein loskochen und durch ein Sieb streichen. Einmal aufkochen lassen, mit der sauren Sahne mischen und die Soße getrennt zu den Fasanen servieren oder einen Teil um das Fleisch gießen.

Dazu Spätzle (siehe Seite 100) oder Schupfnudeln (siehe Seite 107) und Salat der Saison oder Rosenkohl mit gebräunten Semmelbröseln servieren. Als Getränk schmeckt ein kräftiger Rotwein besonders gut.

Variation: Auf die gleiche Weise kann man Rebhühner, Wildenten oder Wildtauben zubereiten.

Rebhuhn nach Art der Winzerin

4 Portionen à ca. 3285 kJ (785 kcal)

4 küchenfertige Rebhühner à ca. 350 g, Salz, weißer Pfeffer aus der Mühle, 12 Wacholderbeeren, 2 Eßl. Öl, 40 g Butterschmalz, 4 kleine Zwiebeln oder Schalotten, 100 g mild geräucherter Schinkenspeck, 150 g frische Champignons, 1 Bund Petersilie, 200 g grüne Weintrauben, 6 cl Cognac oder Weinbrand, je ⅛ l trockener Weißwein und süße Sahne (Rahm), 2 Scheiben altbackenes Toastbrot, 20 g Butter.

Rebhühner innen und außen gründlich waschen und mit Haushaltspapier trockentupfen. Innen mit Salz, außen mit Salz und Pfeffer einreiben. Die Wacholderbeeren im Mörser zerstoßen, in die Rebhühner geben.

In einem großen Bräter Öl und Butterschmalz erhitzen und dann die Rebhühner darin rundherum in 10 Minuten bei nicht zu großer Hitze braun anbraten.

In der Zwischenzeit die geschälten Zwiebeln, den Schinkenspeck, die geputzten Champignons und die abgespülte, trockengeschwenkte Petersilie hacken. Die Weinbeeren häuten, halbieren und entkernen. Die Rebhühner aus dem Bratfett nehmen, die vorbereiteten Zutaten hineingeben und so lange braten, bis der Speck glasig ist. Die Rebhühner auf diese Mischung legen.

Weinbrand in einer Kelle erwärmen, anzünden und brennend über die Rebhühner gießen. Mit dem Wein ablöschen und die Rebhühner noch 10 Minuten schmoren lassen. Dann herausnehmen, tranchieren und auf einer vorgewärmten Platte anrichten.

Das Gemüse mit der Sahne verrühren und eventuell mit Salz und Pfeffer abschmecken.

Noch während die Rebhühner schmoren, das Brot in winzige Würfel schneiden und in der heißen Butter goldbraun rösten.

Das Sahnegemüse um die Rebhühner verteilen, die Rebhühner mit den Brotwürfelchen bestreuen und servieren.

Dazu gibt es in Riesling gekochtes Sauerkraut und Salzkartoffeln. Als Getränk ist ein trockener Riesling zu empfehlen.

Stangenspargel mit Roastbeef

Stangensparg[el] mit Räucherlach[s]

Von Bubespitzle und Schupfnudeln, von deftigem Sauerkraut und zartem Spargel, von Spätzle und Spatzen bis zu Kratzete:

Beilagen aller Art

Stangenspargel
mit Omelett

Stangenspargel
mit Schinken

Rezepte nächste Seite

Frischer Stangenspargel

4 Portionen à ca.
420 kJ (100 kcal)

2000 g knackfrischer weißer Stangenspargel,
1/4 l Wasser,
1 kräftiger Schuß trockener Weißwein,
1/2 Teel. Zucker,
1/4 Teel. Salz,
20 g Butter.

(Foto Seite 96/97)

Spargelstangen mit einem scharfen, kleinen Schälmesser oder einem speziellen Spargelschäler von den Köpfen zum Stielansatz hin schälen. Das untere Ende etwa 1 cm dick abschneiden. Spargel in vier Bündel zusammenbinden.
Wasser mit Wein, Zucker, Salz und Butter in einem ovalen Topf zum Kochen bringen. Spargel hineinlegen und zugedeckt je nach Dicke in 15 bis 20 Minuten garen, dann sind die Stangen noch etwas knackig. Wer sie weicher möchte, gibt noch 5 Minuten Garzeit dazu. Den Spargel abtropfen lassen und auf einer vorgewärmten Platte oder vorgewärmten Portionstellern rasch servieren.
Hinweis: Ein klein wenig scheiden sich beim Spargel die Geister: Ist er nun Beilage oder Hauptbestandteil eines festlichen Essens? Da diese Frage nur unvollkommen beantwortet werden kann, sollte man sich nur auf das Genießen konzentrieren und den Spargel zu oder mit Roastbeef, verschiedenen Schinkensorten, Räucherlachs und hauchdünnen Omeletts oder Pfannkuchen servieren. Manche Restaurants in Baden bieten dies alles zusammen mit je einer Portion Spargel an.
Dazu gibt es dann Buttersoße, Sauce Béarnaise, Sauce Hollandaise und manchmal noch Sauce Choron. Kratzete (siehe Seite 104) und neue Kartoffeln dürfen natürlich auch nicht fehlen.

Tip *Spargelschalen mit Fleischbrühe auskochen, Flüssigkeit durchsieben und mit dem Kochwasser als Grundlage für eine Spargelcremesuppe verwenden.*

Offenburger Sauerkraut

4 Portionen à ca.
705 kJ (170 kcal)

2 mittelgroße Zwiebeln,
2 säuerliche Äpfel,
30 g Gänse- oder Schweineschmalz,
600 g frisches Sauerkraut,
6 Wacholderbeeren,

Zwiebeln und Äpfel schälen. Zwiebeln hacken, die Äpfel vierteln, entkernen und fein würfeln.
Schmalz in einem großen Topf erhitzen, Zwiebeln und Äpfel darin in 5 Min. goldgelb braten.
Das Sauerkraut wenn nötig etwas klein schneiden und in den Topf geben. Unter Rühren 5 Minuten dünsten.
Nebenher die Wacholderbeeren, die Pfefferkörner, den Kümmel und die geschälte Knoblauchzehe in einem Mörser zerstoßen

10 Pfefferkörner,
½ Teel. Kümmel,
1 Knoblauchzehe,
¼ l trockener Riesling,
1 Möhre,
etwas Butter zum Einfetten,
eventuell etwas Salz,
1 Prise Zucker.

und unter das Kraut rühren. Mit Riesling aufgießen. Die geschälte Möhre auf das Sauerkraut legen. Ein Stück Pergamentpapier mit Butter einfetten, auf das Sauerkraut legen und den Topf gut schließen. Das Sauerkraut bei mittlerer Hitze 90 Minuten schmoren lassen. Dann das Pergamentpapier und die Möhre entfernen. Sauerkraut nach Belieben nachsalzen und mit Zukker abschmecken.

Offenburger Sauerkraut wird traditionell zu Fasan und anderem Wildgeflügel, aber auch zu Wildbraten, gebratenen Gänsen oder Enten serviert.
Einige Hausfrauen geben noch geschälte, halbierte grüne Weinbeeren an das Kraut.
Ein Stilbruch allerdings wäre es, das Kraut mit Ananasstücken zu mischen.

Saure Rädle

(„Eingemachte" Kartoffeln)

4 Portionen à ca. 1510 kJ (360 kcal)

750 g mehlig-festkochende Kartoffeln,
Salzwasser,
1 Teel. Kümmel,
2 Zwiebeln,
60 g Schweineschmalz,
3 Eßl. Mehl,
½ l Fleischbrühe,
1 Lorbeerblatt,
10 Pfefferkörner,
3 Gewürznelken,
1 Stück getrocknete Zitronenschale,
1 Eßl. mittelscharfer Senf,
3–5 Eßl. feiner Kräuteressig.

Kartoffeln in dem mit Kümmel gewürzten Salzwasser in ca. 30 Minuten als Pellkartoffeln kochen.
In der Zwischenzeit die Zwiebeln schälen, hacken und in dem heißen Schweineschmalz goldgelb braten. Das Mehl dazuschütten und so lange rösten, bis es leicht zu bräunen beginnt. Dann unter Rühren mit der Fleischbrühe ablöschen. Lorbeerblatt, Pfefferkörner, Gewürznelken und Zitronenschale dazugeben. Alles zugedeckt bei milder Hitze 15 Minuten köcheln lassen. Die Soße durch ein Sieb gießen und mit Senf und beliebig viel Essig abschmecken. Heiß halten.
Kartoffeln abgießen, abschrecken, pellen und heiß in etwa 3 mm dicke Scheiben schneiden. In eine vorgewärmte Schüssel füllen, mit der Soße übergießen und sofort servieren.
Stilecht ist es nicht, aber es sieht dekorativer aus, wenn man die Kartoffeln mit gehackter Petersilie oder Schnittlauchröllchen bestreut.
Saure Rädle werden in Schwaben zu gekochter Rinderbrust, gekochtem Kronfleisch, aber auch zu gebratenen Bauchspeckscheiben gereicht.

Tip *Noch pikanter werden die sauren Rädle, wenn man statt Schweineschmalz 100 g fetten Speck ausläßt und darin das Mehl anröstet. Die Grieben kann man vorher herausnehmen und zum Schluß – wieder erhitzt – über die fertigen Kartoffeln geben.*

Spätzle mit Variationen

4 Portionen à ca.
2290 kJ (545 kcal)

400 g Mehl,
4 kleine Eier,
1 Teel. Salz,
1 Eßl. kaltes Wasser,
Salzwasser,
50 g Butter.

Butterspätzle
Mehl in eine Schüssel sieben und die aufgeschlagenen Eier mit dem Salz dazugeben. Alles gründlich verrühren und den Teig so lange schlagen, bis er Blasen wirft. Ist er zu fest, das kalte Wasser zufügen. Reichlich Salzwasser in einem großen, breiten Topf zum Kochen bringen.
Das Spätzlebrett (oder ein anderes Brett, am besten mit Griff) und den Spätzleschaber (oder ein großes flaches Messer) kurz ins Wasser tauchen, Spätzleteig dünn auf das Brett streichen und in etwa 5 mm dicken Streifen ins kochende Wasser schaben. Das Messer hin und wieder ins Wasser tauchen.
Ist ein Brett leer geschabt, läßt man die Spätzle so lange bei nicht zu starker Hitze kochen, bis sie alle oben schwimmen, dann mit einem Schaumlöffel herausnehmen und in eine Schüssel mit kaltem Wasser legen. Wenn alle Spätzle fertig sind, werden sie in einem Durchschlag abgetropft.
Die Butter erhitzen und Spätzle darin schwenken, bis sie wieder heiß sind. In einer vorgewärmten Schüssel servieren.
Spätzle schmecken zu allen Fleischgerichten mit viel Soße. In Schwaben werden sie auch in Eintöpfe gegeben oder als Beilage mit Sauerkraut, grünen Bohnen oder Linsen gemischt.
Als Beilage zu kurzgebratenem Fleisch mit keiner oder nur wenig Soße werden die Spätzle häufig „geschmälzt". Das heißt, man übergießt sie unmittelbar vor dem Servieren mit in reichlich Butter gebräunten Semmelbröseln. Zuvor werden die Spätzle in heißem Wasser erwärmt und gut abgetropft.

Spinatspätzle
250 g frischen Blattspinat verlesen, waschen, abtropfen lassen und die harten Blattstiele entfernen. Spinatblätter 30 Sekunden in kochendem Salzwasser blanchieren, abtropfen lassen, gut ausdrücken und ganz fein hacken.
Den Spätzleteig wie oben herstellen, jedoch nur 3 Eier verwenden. Teig und Spinat gründlich mischen und die Spätzle wie schon beschrieben zubereiten.
Spinatspätzle schmecken besonders gut zu Kalbsbraten, gebratenem Schweinefilet, aber auch zu Brathähnchen oder anderen, leichten Geflügelgerichten.

Butterspätzle
Leberspätzle
Rezept nächste Seite
Spinatspätzle

Leberspätzle
250 g Rinder- oder Kalbsleber von Haut und Sehnen befreien und durch den Fleischwolf (die feine Scheibe) drehen (in Baden und Schwaben gibt es die durchgedrehte Leber am Schlachttag schon fertig beim Fleischer). Spätzleteig nur aus 250 g Mehl und 2 Eiern ohne Wasserzugabe bereiten. Mit der Leber mischen, mit Salz, einem Hauch Pfeffer und nach Belieben etwas geriebener Muskatnuß würzen. Weitere Zubereitung s. „Butterspätzle" S. 100.
Leberspätzle schmecken als Beilage zu deftigem Schweinebraten. Sie werden aber häufig auch mit in Butter gerösteten Zwiebeln übergossen nur mit grünem Salat gereicht, dann sollte man jedoch die Menge auf 350 g Leber, 350 g Mehl und 3 Eier erweitern.

Bubespitzle

4 Portionen à ca. 2405 kJ (575 kcal)

150 g am Vortag gekochte Pellkartoffeln,
300 g Mehl,
3 Eier,
Salz,
schwarzer Pfeffer aus der Mühle,
geriebene Muskatnuß,
Mehl zum Ausrollen,
3 l Salzwasser,
100 g Butter,
3 Eßl. Semmelbrösel.

Die geschälten Kartoffeln durch die Kartoffelpresse drücken. In einer Schüssel mit Mehl und Eiern mischen. Zu einem festen Teig kneten. Mit Salz, Pfeffer und geriebener Muskatnuß abschmecken.
Auf einer bemehlten Arbeitsfläche mit den Händen daumengroße Würstchen formen und in das kochende Salzwasser geben. In etwa 3 Minuten garziehen (nicht kochen) lassen. Abgießen, kalt abschrecken und gründlich abtropfen lassen.
Die Butter in einer großen Pfanne erhitzen und die Bubespitzle darin rundherum braun braten. Dabei mit Semmelbröseln bestreuen und auch diese bräunen lassen.
Bubespitzle passen als Beilage zu allen deftigen Braten, zu Wildgerichten, aber auch zu gebratenen frischen Pilzen.

Krütleime auf neue Art

4 Portionen à ca. 1510 kJ (360 kcal)

800 g mehlige Kartoffeln,
knapp ¼ l kochende Milch,
20 g Butter, Salz,
geriebene Muskatnuß,
750 g fertig zubereitetes Sauerkraut,

Gewaschene Kartoffeln als Pellkartoffeln kochen, abgießen, abschrecken, rasch schälen und durch die Kartoffelpresse drücken. Mit Milch und Butter zu Püree verrühren, mit Salz und Muskatnuß abschmecken.
Nebenher das Sauerkraut (aus der Dose) nach Belieben zubereiten (am besten mit etwas Weißwein).
Den Speck fein würfeln und langsam auslassen. Die geschälten, in Ringe geschnittenen Zwiebeln darin glasig braten.
Eine feuerfeste Form mit

125 g durchwachsener Speck,
4 Zwiebeln,
1 Speckschwarte oder
10 g Schweineschmalz.

der Speckschwarte oder dem Schweineschmalz einfetten und abwechselnd Kartoffelpüree und Sauerkraut hineinfüllen. Auf jede Schicht Kartoffelpüree etwas von der Speck-Zwiebel-Mischung geben. Den Abschluß bildet Püree mit der Mischung. Die Form in den vorgeheizten Backofen (200°, Gas Stufe 3) schieben und den Krütleime 20 Min. backen. In der Form sofort servieren.
Dazu kann man gepökelte, gekochte Rippchen oder Schäufele (Schweineschulter, geräuchert und gepökelt) reichen. Der Krütleime schmeckt aber auch zu Schweinebraten oder Kasseler.
Hinweis: Das Wort „Leime" bedeutet alemannisch Lehm – und wie Lehm und Kraut gemischt hat es wohl früher oft ausgesehen, wenn der Krütleime bei den Armen nur mit gestampften Kartoffeln und ohne Speck und Zwiebeln zubereitet wurde.

Feine Käsespätzle

4 Portionen à ca.
3840 kJ (915 kcal)

400 g bestes Weizenmehl,
4 Eier,
1 Teel. Salz,
evtl. 1–2 Eßl. Wasser,
125 g Butter,
je 100 g grob geraffelter Emmentaler und Greyerzer Käse,
4 Zwiebeln.

Mehl in eine Schüssel sieben, in die Mitte eine Vertiefung drücken und die Eier hineinschlagen. Salz zufügen. Mit einer Gabel verrühren, dann so lange kneten, bis der Teig geschmeidig ist. Eventuell noch etwas Wasser zufügen.
Teig portionsweise auf ein angefeuchtetes Spätzlebrett geben und in reichlich sprudelnd kochendes Salzwasser schaben. Die nach oben gestiegenen Spätzle mit einem Schaumlöffel herausnehmen, abtropfen lassen und in eine Schüssel mit kaltem Wasser geben. Wenn alle Spätzle fertig sind, in einem Durchschlag abtropfen lassen. Eine feuerfeste Form mit der Hälfte der Butter einfetten und lagenweise Spätzle und Käse einfüllen. Den Abschluß sollten Spätzle bilden. Die Form mit Alufolie verschließen und in den vorgeheizten Backofen (220°, Gas Stufe 4) stellen. Nach 10 Minuten ist der Käse geschmolzen.
In der Zwischenzeit die Zwiebeln schälen und in Ringe schneiden. In der restlichen Butter goldgelb braten. Über die Spätzle geben und diese in der Form servieren.
Dazu Endivien-, Kopf- oder Tomatensalat in einer herzhaften Essig-Öl-Marinade reichen. Als Getränk paßt Bier besonders gut.

Kratzete

(Kratzet)

4 Portionen à ca. 1695 kJ (405 kcal)

200 g Mehl,
4 Eier,
¼ l Milch,
1 kräftige Prise Salz,
50 g Butter.

Das Mehl in eine Schüssel sieben und die übrigen Zutaten bis auf die Butter dazugeben. Mit dem Handrührgerät oder dem Schneebesen zu einem flüssigen Teig verrühren und 10 Minuten quellen lassen.
Die Butter in einer möglichst großen Pfanne erhitzen, aber nicht bräunen lassen. Den Teig hineingießen und die Unterseite leicht stocken lassen.
Von diesem Zeitpunkt an mit einem Holzspatel oder einem beschichteten Pfannenwender den Teig am Boden sozusagen abkratzen, dabei sollen Teigstücke entstehen, die nicht größer als eine Kartoffelscheibe sind.
In Schwaben werden Kratzet als Beilage zu sauren Nierle (siehe Seite 66), oder Leber (siehe Seite 66) gereicht. Man serviert sie aber auch mit Zimtzucker bestreut als Nachtisch.
In Baden gehören die Kratzete speziell in der Ortenau (dem badischen „Obst- und Gemüsegarten") zum Spargel. Im Bodenseegebiet werden sie auch gerne als warme Abendmahlzeit mit Salaten der Saison gereicht.

Renchtäler Kartoffelpuffer

4 Portionen à ca. 1635 kJ (390 kcal)

800 g Kartoffeln,
3 Eigelb,
4 Frühlingszwiebeln (ersatzweise 2 dünne Stangen Lauch [Porree] und 2 Schalotten),
1 Bund Schnittlauch,
Salz,
schwarzer Pfeffer aus der Mühle,
geriebene Muskatnuß,
3 Eiweiß,
knapp ⅛ l feinstes Speiseöl zum Ausbacken.

Kartoffeln schälen und mittelfein reiben. In ein Sieb geben und leicht ausdrücken. Mit den Eigelb vermischen.
Frühlingszwiebeln putzen, das Weiße hacken, das Grün in hauchdünne Ringe schneiden (Lauch und Schalotten nur hacken).
Schnittlauch abspülen, trockentupfen und in Röllchen schneiden. Beides mit der Kartoffelmasse vermischen. Mit Salz, Pfeffer und Muskatnuß pikant abschmecken.
Eiweiß zu steifem Schnee schlagen und unter die Kartoffelmasse heben.
Öl portionsweise in zwei großen Pfannen erhitzen und aus jeweils 2 bis 3 Eßl. Teig kleine, kreisrunde Puffer ausbacken. Sie sollen auf beiden Seiten goldgelb sein. Gut abtropfen lassen und heiß servieren.
Diese Kartoffelpuffer schmecken zu allen zarten Wildgeflügeln, zu kurzgebratenen Wildstükken und zu anderem kurzgebratenen Fleisch.

Kratzete

Kartoffeln auf Lyoner Art

4 Portionen à ca. 1580 kJ (380 kcal)

750 g mehlig-festkochende Kartoffeln, Salzwasser, 1 Eßl. Kümmel, 1 Teel. schwarze Pfefferkörner, 100 g Butter, 250 g Zwiebeln, 1 Bund Petersilie.

Die gewaschenen Kartoffeln in mit Kümmel und Pfefferkörnern gewürztem Salzwasser als Pellkartoffeln kochen, abgießen, abschrecken und schälen. Etwas abkühlen lassen, dann in Scheiben schneiden. 75 g Butter in einer Pfanne erhitzen und die Kartoffeln darin goldbraun braten.
Zwiebeln schälen und in Scheiben schneiden. In einer zweiten Pfanne mit der restlichen Butter goldgelb braten.
In der Zwischenzeit die Petersilie abspülen, gut trockenschwenken und hacken.
Kartoffeln und Zwiebeln in einer vorgewärmten Schüssel mischen und mit der Petersilie bestreut servieren.
Lyoner Kartoffeln werden zu Braten, zu Wildgerichten aller Art und zu kurzgebratenem Fleisch gereicht.
Hinweis: Obwohl die Lyoner Kartoffeln zu den sogenannten „klassischen" Gerichten gehören, stehen sie in Baden nicht erst seit die „Nouvelle Cuisine" in Mode gekommen ist auf den Speisekarten. Sie gehören seit eh und je zum Koch-Repertoire der badischen Hausfrauen.

Raigebrägelte

(Roh gebackene Kartoffeln)

4 Portionen à ca. 2200 kJ (525 kcal)

1000 g Kartoffeln, 250 g Zwiebeln, 1 geh. Teel. Salz, 1 Bund glatte Petersilie, 150 g Sauerrahmbutter.

Gewaschene Kartoffeln schälen und in etwa 2 cm große Würfel schneiden. Die geschälten Zwiebeln hacken. Petersilie abspülen, trockenschwenken und ebenfalls hacken. Alles mit dem Salz mischen und in eine feuerfeste Auflaufform füllen. Die Butter zerlassen und darübergießen.
Die Form in den vorgeheizten Backofen (250°, Gas Stufe 6) stellen und die Kartoffeln in 90 Minuten garen. Dann hat sich oben und am Rand eine braune Kruste gebildet, die übrigen Kartoffeln sind ganz mit Butter getränkt.
Raigebrägelte sind eigentlich mehr Hauptgericht als Beilage. Man serviert sie zu unpanierten Kalbskoteletts oder magerem Schweinebraten und Salat. Als Getränk paßt ein kräftiger Riesling.
Hinweis: Ursprünglich stammt diese Art der Kartoffelzubereitung aus den Vogesen. Dort wurden die Kartoffeln in einem gußeisernen Topf im offenen Holzkohlenfeuer zubereitet.

Schupfnudeln

4 Portionen à ca. 945 kJ (225 kcal)

300 g Pellkartoffeln,
1 kleines Ei,
40 g Mehl,
Salz,
geriebene Muskatnuß,
Mehl zum Formen,
3 l Salzwasser,
2 mittelgroße Zwiebeln,
50 g Butter.

Pellkartoffeln schälen und zugedeckt über Nacht stehen lassen.
Am nächsten Tag durch die Kartoffelpresse drücken oder mittelfein reiben. Mit Ei und Mehl in eine Schüssel geben und zu einem glatten Teig verarbeiten. Mit Salz und Muskatnuß abschmecken. Mit bemehlten Händen aus dem Teig etwa fingerdicke Rollen formen und in 4 cm Länge abschneiden.
Das Salzwasser bis kurz vorm Kochen erhitzen, Schupfnudeln hineingeben und in 15 Minuten garziehen lassen.
Zwiebeln schälen und fein hacken. In der heißen Butter goldgelb braten. Schupfnudeln mit einem Schaumlöffel aus dem Wasser heben, gut abtropfen lassen und in einer vorgewärmten Schüssel anrichten. Mit den Zwiebeln übergossen servieren.
Schupfnudeln schmecken zu Wildgerichten, zu Schweine- oder Rinderschmorbraten.

Oberrheinische Kartoffelklöße

4 Portionen à ca. 1920 kJ (460 kcal)

500 g mehlig kochende Kartoffeln,
Salzwasser,
1 altbackenes Brötchen (Wasserweck),
knapp ⅛ l kochende Milch,
3 Eier,
125 g Butter,
Salz,
weißer Pfeffer,
geriebene Muskatnuß,
nach Belieben 2 Eßl. gehackte Petersilie oder gehackter Kerbel.

Die gewaschenen Kartoffeln in Salzwasser in 30 Minuten als Pellkartoffeln kochen.
Das Brötchen in vier Teile schneiden und mit der kochenden Milch übergießen. 10 Minuten quellen lassen, dann kräftig ausdrücken und ganz fein zerpflücken. Die Eier trennen. Kartoffeln abgießen, abschrecken, pellen und durch die Kartoffelpresse drücken.
Dann die Hälfte der Butter schaumig rühren, dabei nach und nach die Eigelb dazugeben, dann eßlöffelweise das Kartoffelpüree und zum Schluß das Brötchen. Eiweiß zu steifem Schnee schlagen und unter die Kartoffelmasse heben. Mit Salz, Pfeffer und Muskatnuß würzen und nach Belieben noch Petersilie oder Kerbel untermischen.
Die restliche Butter portionsweise in einer tiefen Pfanne erhitzen. Von dem Kartoffelteig mit 2 Eßlöffeln Klöße abstechen und in dem heißen Fett rundherum goldbraun braten. So lange nebeneinander liegend warm halten, bis alle fertig sind.
Die Klöße schmecken besonders gut zu zartem Wildgeflügel wie Fasan oder Wachteln oder zu magerem Rinderbraten.

Ragout von Mischpilzen

4 Portionen à ca. 885 kJ (210 kcal)

1000 g Mischpilze (z. B. Maronenröhrlinge, Butterpilze, Pfifferlinge, Speisetäublinge, Wald- und Wiesenchampignons), 100 g mild geräucherter Schinkenspeck, ⅛ l Fleischbrühe, 4 Eßl. trockener Weißwein, schwarzer Pfeffer aus der Mühle, 4 Eßl. Crème fraîche, Salz, 2 Eßl. gehackte Petersilie.

Die Pilze putzen und mit einem sauberen Küchentuch abreiben, nicht waschen. Bei großen Pilzen die Stiele aus den Hüten drehen. Pilze in dünne Scheiben schneiden, kleine jedoch ganz lassen.
Speck fein würfeln oder in feine Streifen schneiden und in einer großen Pfanne bei nicht zu starker Hitze langsam auslassen. Die Grieben herausnehmen und beiseite stellen.
Pilze in dem Speckfett ganz leicht anbraten. Mit Fleischbrühe und Wein aufgießen und einmal aufkochen lassen. Mit Pfeffer würzen und mit Crème fraîche verrühren. Noch mal zum Kochen bringen. Dann erst mit Salz abschmecken. In einer vorgewärmten Schüssel mit Petersilie und Speckgrieben bestreut servieren.
Mischpilzragout schmeckt zu allen dunklen Wildbraten und zu kurzgebratenem Wildfleisch.
Hinweis: Solche Pilzragouts, besonders von Steinpilzen, wurden früher rund um den Kaiserstuhl oft einfach nur zu Nudeln gegessen, nicht immer mit Sahne verfeinert, aber manchmal statt in Speck in Butter gebraten.

Pfifferlinge in Weinsud

4 Portionen à ca. 510 kJ (120 kcal)

500 g frische Pfifferlinge, 2 kleine Zwiebeln, 40 g Butter, 1 Bund Petersilie, Salz, weißer Pfeffer aus der Mühle, ⅛ l trockener Weißwein (Riesling), 1 Teel. Speisestärke.

Die Pfifferlinge putzen und mit einem sauberen Küchentuch abreiben, nicht waschen. Je nach Größe im Ganzen lassen oder halbieren.
Zwiebeln schälen und fein hacken. Die Butter in einer großen Pfanne erhitzen und die Zwiebeln darin glasig braten. Petersilie abspülen, trockenschwenken und hacken.
Pfifferlinge und die Hälfte der Petersilie zu den Zwiebeln geben, mit Salz und Pfeffer würzen und unter gelegentlichem Rühren so lange dünsten, bis keine Flüssigkeit mehr vorhanden ist. Mit dem Wein ablöschen und einmal aufkochen lassen.
Speisestärke mit etwas Wasser glattrühren und die Pilze damit binden. Evtl. mit Salz und Pfeffer nachwürzen. Mit der restlichen Petersilie bestreut servieren.
Die Pilze passen zu allen Wildbraten, zu kurzgebratenem dunklen Fleisch und zu Wildgeflügel.
Variation: Ebenso lassen sich die sehr schmackhaften Herbsttrompeten und schwarzen Pfifferlinge zubereiten.

Ragout
on Mischpilzen

Schwarzwälder Steinpilzkuchen

4 Portionen à ca.
2425 kJ (580 kcal)

1000 g frische Steinpilze,
Salzwasser,
1 Bund Petersilie,
2 mittelgroße Zwiebeln,
125 g in hauchdünne Scheiben geschnittener durchwachsener Speck,
100 g möglichst frische Semmelbrösel,
Salz,
schwarzer Pfeffer aus der Mühle,
100 g Butter.

Pilze putzen und bei großen Pilzen die Stengel aus den Hüten drehen. Stengel und Hüte in dünne Scheiben schneiden. 1 Minute in kochendem Salzwasser blanchieren, gründlich abtropfen lassen und vorsichtig etwas ausdrücken.
Petersilie abspülen, trokkentupfen und hacken. Die geschälten Zwiebeln dann ebenfalls ganz fein hacken.
Eine tiefe Pfanne (nicht mit Kunststoffgriff) mit Speckscheiben auslegen und mit 1/3 der Semmelbrösel bestreuen. Darauf je die Hälfte der Pilzscheiben, Petersilie und Zwiebeln geben. Mit Salz und Pfeffer bestreuen und mit etwas zerlassener Butter beträufeln. Darüber die restlichen Speckscheiben geben, wieder 1/3 Semmelbrösel, restliche Pilze, Petersilie und Zwiebeln. Würzen und mit den übrigen Semmelbröseln bedecken. Die restliche Butter darüberträufeln und die Pfanne zugedeckt in den vorgeheizten Backofen (180°, Gas Stufe 2) stellen. Den „Kuchen" 60 Minuten backen. 10 Minuten vor Ende der Garzeit den Deckel abnehmen. Den Kuchen heiß servieren.
Er schmeckt zu kurzgebratenem Fleisch oder kaltem Braten mit Salat der Saison und einem kräftigen, kühlen Weißwein.

Glasierte Möhren

4 Portionen à ca.
840 kJ (200 kcal)

800 g junge Möhren,
50 g Butter,
40 g Zucker,
1 Prise weißer Pfeffer,
1 Prise Salz,
1/4 l Mineralwasser ohne Kohlensäure.

Die Möhren schälen und in 3 cm lange Stücke schneiden. An den Schnittflächen abrunden.
Die Butter in einem Topf schmelzen lassen, die Möhren dazugeben und mit Zukker bestreuen. So lange bei nicht zu starker Hitze unter Rühren dünsten, bis der Zucker ganz geschmolzen ist. Mit Pfeffer und Salz würzen und das Mineralwasser zu den Möhren geben. Zugedeckt 10 Minuten kochen lassen. Dann den Deckel abnehmen und die Möhren noch so lange weiterkochen lassen, bis die Flüssigkeit fast vollständig verkocht ist. Die Möhren in einer vorgewärmten Schüssel servieren.
Sie schmecken als Beilage zu Ente (siehe Seite 70), Schweinebraten, Rindfleisch oder kurzgebratenem Wild.

Kartoffelsalat mit Speck

4 Portionen à ca.
2180 kJ (520 kcal)

**1000 g mehlig-festkochende Kartoffeln,
1 Zwiebel,
¼ l kräftige Fleischbrühe aus Würfeln,
125 g durchwachsener Speck,
4 Eßl. Öl,
schwarzer Pfeffer aus der Mühle,
6 Eßl. Essig,
Salz,
je ½ Bund Schnittlauch und Petersilie.**

Kartoffeln waschen und als Pellkartoffeln kochen. Zwiebel schälen, ganz fein hacken und in eine große Schüssel geben. Die Fleischbrühe aufkochen und über die Zwiebelwürfel gießen.
Den Speck nach Belieben in dünne Streifen oder kleine Würfel schneiden. Das Öl in einer Pfanne erhitzen und den Speck darin langsam knusprig braun ausbraten.
Die Kartoffeln abgießen, kalt abschrecken und pellen. Noch warm in Scheiben schneiden und in die Brühe geben. Mit Pfeffer kräftig übermahlen.
Die Speckgrieben aus dem Fett nehmen, das Bratfett über die Kartoffeln gießen, Essig und Salz zufügen und den Salat gründlich mischen, danach abkühlen lassen.
In der Zwischenzeit Schnittlauch und Petersilie abspülen, trockenschwenken und hacken bzw. in Röllchen schneiden.
Den Salat wenn nötig mit Salz und Essig nachwürzen. Die Speckgrieben noch mal erhitzen, zusammen mit den Kräutern über den Salat geben und diesen servieren.
Kartoffelsalat mit Speck schmeckt zu Schäufele in Brotteig (siehe Seite 54), zu Kalbsherz oder deftigem Schweinebraten.

Warmer Kartoffelsalat

4 Portionen à ca.
1750 kJ (420 kcal)

**1000 g Salatkartoffeln,
Salzwasser,
⅛ l kräftige Fleischbrühe,
2 Zwiebeln,
4 Eßl. Walnußöl,
4 Eßl. geschmacksneutrales Speiseöl,
5 Eßl. Essig,
2–3 Frühlingszwiebeln.**

Die gewaschenen Kartoffeln in reichlich gesalzenem Wasser als Pellkartoffeln kochen, abgießen, abschrecken und noch heiß schälen, dann mit der Fleischbrühe mischen.
Während die Kartoffeln kochen, die Zwiebeln schälen, ganz fein hacken und in 2 Eßl. Walnußöl braun braten. Das restliche Walnußöl mit Speiseöl und Essig verrühren.
Die Frühlingszwiebeln putzen, das Weiße hacken, das Grüne in feine Ringe schneiden.
Kartoffeln mit der Essig-Öl-Soße und den Frühlingszwiebeln mischen und wenn nötig mit etwas Salz nachwürzen. Mit den gebräunten Zwiebeln übergossen rasch servieren.
Dieser Salat schmeckt zu allen kurzgebratenen Fleischsorten, zu gebratener oder gebrühter Wurst und zu gebratenem Fisch.

Pißangelie

(Löwenzahnsalat)

4 Portionen à ca. 980 kJ (235 kcal)

250 g junger wilder Löwenzahn,
125 g durchwachsener Speck,
4 Eßl. Essig,
Salz,
schwarzer Pfeffer aus der Mühle.

Den Löwenzahn putzen, die Blätter sehr gründlich waschen, in ein Sieb geben und abtropfen lassen. Den Speck fein würfeln und bei nicht zu großer Hitze in einer Pfanne auslassen. Die Grieben herausnehmen und beiseite stellen.
Den Salat in die Servierschüssel geben. Das heiße Speckfett mit dem Essig mischen und mit Salz und Pfeffer würzen. Noch warm über den Salat geben, gut mischen und 5 Minuten ziehen lassen. In der Zwischenzeit die Speckgrieben wieder erwärmen und unmittelbar vor dem Servieren über den Salat gießen.
Der Salat wird zu deftigen Fleischgerichten aller Art serviert. Er schmeckt besonders zu Schweinebraten mit Kruste und Wildschweinbraten. Mit wachsweichen gekochten Eiern garniert oder mit frischen, zerdrückten Pellkartoffeln gemischt reicht man ihn als Vorspeise oder Vespergericht.

Tip *Pißangelie (der Name leitet sich von dem französischen Wort „pissenlit" = Löwenzahn ab) war früher in Baden ein typischer Wintersalat, den man ab Ende Januar genoß. Auch heute sollte man den Löwenzahn nicht über den März hinaus pflücken, denn sobald die Frühlingssonne zu intensiv wird, schmecken die Blätter bitter. Mit kultiviertem französischen oder italienischen Löwenzahn kann man den Salat jedoch das ganze Jahr über zubereiten.*

Brunnenkressesalat mit Möhren

4 Portionen à ca. 555 kJ (130 kcal)

4 junge Möhren,
2 Bund Radieschen,
150 g frische Brunnenkresse,
2 Frühlingszwiebeln,
1 Knoblauchzehe,
4 Eßl. Weinessig,
4 Eßl. kräftig gewürzte Fleischbrühe,

Möhren schälen und in hauchdünne Scheiben schneiden. Radieschen waschen, abtropfen lassen, Stengel- und Wurzelansätze abschneiden und die Radieschen ebenfalls in Scheiben schneiden.
Brunnenkresse mehrmals in kaltem Wasser waschen, dann gründlich abtropfen lassen und die Blättchen von den Stielen zupfen.
Frühlingszwiebeln putzen, das Grün in dünne Ringe schneiden, das Weiße fein hacken.
Eine Salatschüssel sehr gründlich mit der geschäl-

Pißangelie

Brunnenkressesalat
mit Möhren

4 Eßl. Walnußöl, 1 Prise Zucker, Salz, schwarzer Pfeffer aus der Mühle.

ten, halbierten Knoblauchzehe ausreiben. Weinessig, Fleischbrühe und Öl mit dem Zucker verrühren, mit Salz und nur einem Hauch Pfeffer würzen. Alle Salatzutaten in der Schüssel mischen, mit der Soße übergießen und 10 Minuten ziehen lassen. Dann noch mal durchmischen, evtl. mit etwas Salz nachwürzen.
Brunnenkressesalat schmeckt zu allen kräftigen Fleischsorten wie Rindersteaks, Schweinebraten oder Wildschweinbraten. Aber auch zu gebratener Gans oder Entenbraten.

Weinkrautsalat

4 Portionen à ca. 825 kJ (195 kcal)

1 kleiner Kopf Weißkohl von ca. 600 g, 2 Eßl. grobes Meersalz, 1 Teel. Kümmel, 1 Teel. Zucker, 1 Teel. grob gemahlener, schwarzer Pfeffer, $^1/_{10}$ l trockener Weißwein, 3 Eßl. Weinessig, 6 Eßl. Traubenkern- oder Walnußöl.

Den Kohl halbieren, die harten Außenblätter entfernen. Den Kohl in dünne Streifen schneiden, dabei die Strünke rausschneiden.
Kohl und Salz mischen und 30 Minuten stehen lassen. Dann Kümmel, Zucker und Pfeffer untermischen und den Kohl kräftig stampfen, bis er weich geworden ist. Die sich dabei gebildete Flüssigkeit abgießen.
Wein, Essig und Öl verrühren und unter den Kohl heben. Den Salat noch mal 30 Minuten durchziehen lassen, eventuell mit etwas Salz nachwürzen.
Weinkrautsalat schmeckt besonders gut zu deftigen Braten und Wildgerichten.

Apfelrotkraut

4 Portionen à ca. 1000 kJ (240 kcal)

1 Kopf Rotkraut (Rotkohl) von gut 1000 g, 2 säuerliche Äpfel, 1 Zwiebel, 1 Eßl. Zucker, 1 Msp. Zimt, 6 Wacholderbeeren, 8 schwarze Pfefferkörner, 1 Lorbeerblatt, 4 Eßl. Rotwein- oder Apfelessig, knapp $^1/_4$ l Rotwein, 40 g Schweineschmalz, 1 Kartoffel, Salz.

Von dem Kohl die äußeren harten Blätter entfernen. Den Kohl vierteln und feinstreifig schneiden. Die Strünke wegwerfen.
Äpfel und Zwiebel schälen. Äpfel vierteln, entkernen und in dünne Scheiben schneiden. Die Zwiebel hacken. Wacholderbeeren, Pfefferkörner und Lorbeerblatt in einem Mörser zerstoßen. Alles mit dem Kohl mischen und Zucker und Zimt dazugeben. Essig und Rotwein angießen und den Kohl zugedeckt über Nacht durchziehen lassen.
Am nächsten Tag das Schmalz in einem Topf erhitzen, den Kohl hineingeben, zugedeckt 60 Min. schmoren lassen.
Kartoffel schälen, reiben, den Kohl damit binden. Mit Salz und evtl. noch etwas Zucker und Essig abschmecken.
Apfelrotkraut schmeckt zu Wildbraten, Wildgeflügel und Rinderschmorbraten.

„Laubfrösche" mit Kräutern

4 Portionen à ca.
1125 kJ (270 kcal)

4 Schalotten,
50 g Butter,
je ½ Bund Petersilie, Kerbel und Basilikum,
4 Stengel Minze,
1 Ei,
2 bis 3 Eßl. Semmelbrösel,
Salz,
weißer Pfeffer aus der Mühle,
geriebene Muskatnuß,
32 große Spinatblätter,
⅛ l Rinderbouillon,
⅛ l Sahne,
1 Eigelb.

Schalotten schälen, fein hacken und in 30 g Butter glasig werden lassen.
In der Zwischenzeit die Kräuter abspülen, trockenschwenken und hakken. Mit den Schalotten, dem Ei und den Semmelbröseln mischen. Mit Salz, Pfeffer und Muskatnuß pikant abschmecken.
Die Spinatblätter waschen und von den harten Stengeln befreien. In kochendem Salzwasser blanchieren und in Eiswasser abschrecken, dann gut abtropfen lassen. Jeweils 2 Blätter versetzt übereinanderlegen und mit etwas Füllung belegen, dann wie Rouladen zusammenrollen.
Die restliche Butter in einem Topf erhitzen, die „Laubfrösche" darin rundherum kurz andünsten.
Mit Bouillon und Sahne auffüllen und im offenen Topf 5 Min. kochen lassen, dabei dickt die Flüssigkeit ein.
Das Eigelb mit etwas Schmorflüssigkeit verquirlen und den Schmorfond damit binden. Die „Laubfrösche" auf einer vorgewärmten Platte, mit Soße umgossen, servieren.
Sie passen als Beilage zu allen festlichen Braten.

Sahnewirsing

4 Portionen à ca.
1320 kJ (315 kcal)

1 junger Wirsingkohl von ca. 1500 g,
100 g mild geräucherter Schinkenspeck,
20 g Butter,
4 Schalotten,
1 kleiner Becher süße Sahne (100 g),
Salz,
schwarzer Pfeffer aus der Mühle,
geriebene Muskatnuß,
1 Teel. Mehl,
3 Eßl. trockener Weißwein.

Von dem Wirsingkohl die harten äußeren Blätter abschneiden. Den Kohl dann vierteln und fein schneiden. Dabei die harten Blattrippen herausschneiden.
Schinkenspeck fein würfeln, mit der Butter in einen großen Topf geben und langsam glasig braten. Die geschälten, fein gehackten Schalotten dazugeben und ebenfalls glasig werden lassen.
Dann erst den Wirsing in den Topf füllen und bei nicht zu starker Hitze langsam zerfallen lassen.
Mit der Sahne verrühren und mit Salz, Pfeffer und geriebener Muskatnuß würzen. Zugedeckt in Sahne und eigenem Saft 10 bis 15 Minuten (je nach Geschmack) dünsten.
Das Mehl mit dem Wein glattrühren, die Mischung in den Kohl rühren und die Flüssigkeit einmal aufkochen lassen. Den Kohl in einer vorgewärmten Schüssel servieren.
Sahnewirsing schmeckt zu allen dunklen Braten, zu geschmorten Wildgerichten und Schweineschnitzel oder -koteletts.

Hollerküchle

Rezept nächste Seite

Ob Schwabe oder
Alemanne – Süßschnäbel
sind sie alle beide.
Drum gibt's hüben wie
drüben eine so
umfangreiche Palette von

Desserts und Gebäck.

Hollerküchle

(Gebackene Holunderblüten)

4 Portionen à ca. 1650 kJ (395 kcal)

16 Holunderblütendolden,
3 Eier,
1 Prise Salz,
40 g Zucker,
1 Päckchen Vanillezucker,
100 g Mehl,
1/10 l helles Bier,
1/10 l Sahne oder Milch,
Kokosfett zum Ausbacken,
Puderzucker zum Bestäuben.

(Foto Seite 116/117)

Die Blütendolden in reichlich Wasser gründlich waschen, damit eventuell vorhandene Insekten die Blüten „verlassen". Die Dolden dann zum Abtrocknen auf eine dicke Lage Haushaltspapier legen.
Die Eier trennen und das Eiweiß mit Salz zu sehr steifem Schnee schlagen. Die Eigelb mit Zucker und Vanillezucker schaumig rühren, Mehl darübersieben und untermischen. Nach und nach Bier und Sahne oder Milch einlaufen lassen. Zum Schluß Eischnee unterziehen.
Kokosfett in einem Fritiertopf auf 170 bis 180° erhitzen. Die Blütendolden durch den Teig ziehen und immer 2 bis 3 auf einmal mit dem Stengel nach oben goldbraun ausbacken. Gut abtropfen lassen, auf Desserttellern anrichten, mit Puderzukker bestäuben, sofort auftragen.
Hollerküchle werden als Kaffeegebäck oder als Dessert gereicht. In beiden Fällen kann man dazu noch Schlagsahne servieren.

Kilwikiechle

(Kirchweihküchlein)

Insgesamt ca. 12810 kJ (3060 kcal)

125 g Butter,
60 g Zucker,
1 Päckchen Vanillezucker,
3 Eier,
250 g Mehl,
abgeriebene Schale 1/2 unbehandelten Zitrone,
1 Prise Salz,
6 Eßl. dicke saure Sahne (Sauerrahm),
Mehl zum Ausrollen,
Butter- oder Schweineschmalz zum Ausbacken,
Zucker zum Bestreuen.

Butter mit Zucker und Vanillezucker schaumig rühren. Dann nach und nach die Eier unterrühren, so daß eine cremige Masse entsteht. Das Mehl darübersieben und locker, aber gründlich untermischen. Zum Schluß Zitronenschale, Salz und Sauerrahm unter den Teig heben. Den Teig zugedeckt 30 Minuten im Kühlschrank ruhen lassen.
Dann auf der bemehlten Arbeitsfläche etwa 3 mm dick ausrollen und mit dem Kuchenrädchen in gleichmäßige Rechtecke oder Quadrate teilen.
In einer nicht zu großen, aber tiefen Pfanne so viel Fett erhitzen, daß es etwa zweifingerhoch darin steht. Sehr heiß werden lassen und die Küchlein schwimmend goldbraun ausbacken. Mit einem Schaumlöffel herausnehmen, gut abtropfen lassen und mit Zucker bestreut servieren.
Kilwikiechle schmecken warm und kalt zu Kaffee, aber auch zu einem Viertele Wein.

Bubenschenkele

Insgesamt ca.
14150 kJ (3380 kcal)

500 g Mehl,
200 g Butterschmalz,
20 g Hefe,
knapp ¼ l lauwarme Milch,
100 g Zucker,
ausgeschabtes Mark ½ Vanilleschote,
1 Prise Salz,
Mehl zum Ausrollen.

Mehl in eine Schüssel sieben. 50 g Butterschmalz schmelzen lassen und dazugeben.
Hefe in der Milch auflösen und zusammen mit 20 g Zucker, dem Vanillemark und dem Salz ebenfalls in die Schüssel geben.
Alles mit den Knethaken des Handrührgeräts zu einem glatten Teig verarbeiten.
Auf der bemehlten Arbeitsfläche den Teig etwa 4 mm dick ausrollen und mit dem Kuchenrad in 3 cm breite, 8 cm lange Rechtecke schneiden.
Dann von der schmalen Seite her in ⅔ der Länge halbieren.
Restliches Butterschmalz in einer tiefen Pfanne erhitzen und die Schenkele darin auf beiden Seiten goldgelb braten. Mit einem Schaumlöffel herausnehmen, auf einer ovalen Platte anrichten und mit dem restlichen Zucker bestreuen. Sofort heiß servieren.
Bubenschenkele schmekken zu Kaffee genausogut wie zu einem lieblichen Wein.

Gefüllte Flädle

4 Portionen à ca.
1735 kJ (415 kcal)

4 Eier,
knapp ¼ l Milch,
100 g Mehl,
½ Teel. Backpulver,
1 Prise Salz,
2 Eßl. Zucker,
1 Päckchen Vanillezucker,
etwa 40 g Butterschmalz zum Ausbacken,
4 Eßl. Himbeer- oder Erdbeermarmelade.

Eier und Milch verquirlen. Mehl und Backpulver in eine Schüssel sieben. Eier-Milch-Mischung in einem dünnen Strahl einlaufen lassen und mit dem Schneebesen sofort unterrühren. Zum Schluß Salz, Zucker und Vanillezucker dazugeben. Den Teig zugedeckt 20 Minuten quellen lassen.
In einer Pfanne von nur etwa 20 cm Durchmesser nacheinander 8 dünne „Flädle" (Fladen) auf beiden Seiten goldgelb ausbacken. Warm halten, bis alle fertig sind. Dann dünn mit Marmelade bestreichen, aufrollen und je 2 auf Portionstellern anrichten. Wer mag, kann die Flädle noch mit Puderzukker überstäuben.

Tip *Ohne Zucker bereitet, kann man die Flädle mit pikanten Füllungen aus Bratenresten, Hackfleisch oder Bratwurstbrät bestreichen. Sie werden dann als Vespergericht oder Vorspeise gereicht. Übriggebliebene Flädle ohne Zucker kann man in feine Streifen schneiden und als Einlage in eine gute Bouillon geben.*

Apfelküchle

4 Portionen à ca.
1860 kJ (445 kcal)

**100 g Mehl,
3 Eigelb,
1 Eßl. Öl,
⅛ l helles Bier
oder Weißwein,
3 Eiweiß,
1 Prise Salz,
4 große,
säuerliche Äpfel
(ca. 800 g),
Saft 1 Zitrone,
40 g Zucker,
Öl oder Kokosfett zum
Ausbacken,
Puderzucker
und/oder Zimtzucker
zum Bestreuen.**

Mehl, Eigelb und Öl in eine Schüssel geben. Mit den Rührstäben des Handrührgerätes zu einem glatten Teig verarbeiten, dabei in einem dünnen Strahl Bier oder Wein einlaufen lassen. Das Eiweiß mit Salz zu steifem Schnee schlagen und unter den Teig ziehen. Den Teig 10 Min. quellen lassen.
Die Äpfel schälen und mit einem Ausstecher die Kerngehäuse entfernen. Äpfel in dicke Scheiben schneiden, sofort in Zitronensaft wenden und in Zucker wälzen.
Öl oder Kokosfett in einer Friteuse auf 170 bis 180° erhitzen. Apfelscheiben durch den Teig ziehen und immer 2 bis 3 auf einmal im Fett schwimmend auf beiden Seiten goldgelb backen. Mit einem Schaumlöffel herausnehmen, abtropfen und auf Haushaltspapier abfetten lassen. Warm stellen, bis alle fertig sind. Mit Puderzucker oder Zimtzucker bestreuen.
Nach Belieben kann man die Küchle mit kalter Vanillesoße als Dessert oder mit kühler, halbsteif geschlagener Sahne als Kaffeegebäck reichen.

Zwetschgenauflauf

4 Portionen à ca.
2895 kJ (690 kcal)

**400 g altbackenes
Stangenweißbrot oder
Brötchen,
4 Eigelb,
100 g Zucker,
¼ l Milch,
1 Teel. gemahlener
Zimt,
1000 g vollreife
Spätzwetschgen,
4 Eiweiß,
1 Prise Salz,
40 g Butter oder
Margarine.**

Stangenweißbrot oder die Brötchen in Scheiben schneiden und in eine Schüssel geben. Eigelb mit Zucker schaumig rühren. Milch bis fast zum Kochen bringen, dann in dünnem Strahl in die Eimischung einlaufen lassen, dabei mit dem Schneebesen ständig rühren. Über die Brotscheiben gießen und mit Zimt bestreuen.
Zwetschgen waschen, gründlich abtropfen lassen, an den Nahtstellen aufschneiden und entsteinen. Eiweiß mit dem Salz zu steifem Schnee schlagen.
Eine feuerfeste Form mit Butter oder Margarine einfetten. Mit Brotscheiben beginnend alle Zutaten lagenweise einfüllen und die Form in den vorgeheizten Backofen (200°, Gas Stufe 3) schieben. Auflauf in 35 Min. garen. Warm in der Form servieren.
Wem's nicht zu kalorienreich ist, der kann dazu kalte Vanillesoße oder gut gekühlte, halbsteif geschlagene Sahne reichen.

Apfelküchle

Zwetschgenauflauf

Nonnenpfürzle

4 Portionen à ca. 2345 kJ (560 kcal)

Knapp 3/8 l Milch, 1 Prise Salz, 75 g Butter, 150 g Mehl, 4 kleine Eier, 1/2 Teel. Backpulver, 2 Eßl. Zucker, Öl oder Kokosfett zum Ausbacken.

Milch mit Salz und Butter zum Kochen bringen. Den Topf dann vom Herd ziehen und das Mehl auf einmal hineinschütten. Topf wieder auf den Herd stellen und die Mischung so lange rühren, bis sich ein Kloß gebildet hat und sich am Boden eine weiße Schicht absetzt. Vom Herd nehmen und die aufgeschlagenen Eier jeweils einzeln unterrühren. Erst zum Schluß Backpulver und Zucker in den Teig rühren. Der Teig muß glänzen und schwer reißend vom Löffel fallen.
Öl oder Kokosfett in einem Fritiertopf oder der Friteuse auf 170 bis 180° erhitzen. Mit einem Teelöffel kleine Klößchen von dem Teig abstechen und jeweils 5 bis 6 zusammen im Fett schwimmend goldgelb ausbacken. Mit einem Schaumlöffel herausnehmen und auf Haushaltspapier abfetten lassen.
Nonnenpfürzle schmecken ganz frisch am besten. Man kann sie „solo" zum Kaffee oder mit Kompott oder frischem Obstsalat als Dessert servieren. Als Dessert ist die angegebene Menge allerdings für 6 Personen ausreichend.

Striebele

4 Portionen à ca. 2845 kJ (680 kcal)

500 g Mehl, 1 Prise Salz, 1/2 Teel. Backpulver, 4 Eier, ca. 1/8 l kalte Milch, ca. 1/8 l heiße Milch, Butterschmalz oder Schweineschmalz oder Kokosfett zum Ausbacken, Vanille-, Puder- oder Zimtzucker zum Bestreuen.

Mehl, Salz, Backpulver, Eier und kalte Milch in eine Schüssel geben und mit dem Handrührgerät zu einem glatten Teig verarbeiten. Etwa 5 Min. ruhen lassen, dann die fast kochende Milch darübergießen und rasch unterrühren. Der Teig muß zähflüssig sein, eventuell noch etwas heiße Milch zufügen.
Das Ausbackfett in einem Fritiertopf auf 180° erhitzen. Teig in den Striebeletrichter (gibt's in Haushaltsfachgeschäften) füllen und von innen her rasch schneckenartig in das Fett laufen lassen. Sobald die Unterseite braun ist, das Striebele wenden und auch die andere Seite braun werden lassen. Mit einem Schaumlöffel herausnehmen und gut abtropfen lassen.
Nach Belieben mit Vanille- oder Puderzucker oder mit Zimtzucker bestreuen. Möglichst immer frisch genießen.
Striebele schmecken als Kaffee- oder Teegebäck.
Variation: Man kann die Striebele auch in kochen-

dem Salzwasser garen. Im mittleren Schwarzwald werden sie dann gerne als Beilage zu Kartoffelsuppe gegessen.

Tip *Wer keinen Striebeletrichter bekommt, kann sich eine Tüte aus festem Pergamentpapier drehen und unten ein Loch von 1 cm Durchmesser einschneiden. Oder man drückt den Teig durch einen Spritzbeutel mit ganz feiner, dünner Lochtülle.*

Schwäbische Bärentatzen

Insgesamt
17535 kJ (4190 kcal)

**5 große Eier,
1 Prise Salz,
1 Teel. Zitronensaft,
250 g Zucker,
2 Päckchen Vanillezucker,
abgeriebene Schale 1 Zitrone,
100 g geriebene Blockschokolade,
½ Teel. gemahlener Zimt,
½ Teel. gemahlene Nelken,
300 g gemahlene Mandeln,
Zucker zum Ausstreuen der Formen,
Butter oder Margarine zum Einfetten.**

Die Eier trennen (Eigelb anderweitig verwenden). Eiweiß mit Salz und Zitronensaft in eine absolut fettfreie Schüssel geben und mit dem Schneebesen oder den Rührstäben des Handrührgeräts zu ganz steifem Schnee schlagen. Dann erst langsam den Zucker und den Vanillezucker einrieseln lassen und so lange weiterschlagen, bis sich der Zucker ganz gelöst hat.
Zitronenschale, Blockschokolade, Zimt, Nelken und Mandeln mischen und löffelweise unter den Eischnee ziehen. Der Teig muß sehr fest sein! Den Teig mindestens 2 Stunden zugedeckt in den Kühlschrank stellen, dann nur portionsweise verarbeiten.
Aus dem Teig Kugeln formen. Die Bärentatzen-Formen (in guten Haushaltswarengeschäften erhältlich) mit Zucker ausstreuen und je eine Teigkugel hineindrücken. Dann wieder vorsichtig lösen und auf ein gut eingefettetes Backblech setzen. Bei Zimmertemperatur 1 bis 1½ Stunden trocknen lassen, dann im vorgeheizten Backofen (180°, Gas Stufe 1) 20 Minuten backen.
Die Bärentatzen noch heiß vom Blech nehmen und auf einem Kuchendraht abkühlen lassen. Dann in eine Blechdose legen und mindestens 14 Tage aufbewahren, ehe sie gegessen werden.
Hinweis: Bärentatzen sind ein typisch schwäbisches Weihnachtsgebäck, das eine gewisse „Reifezeit" braucht. Mancherorts wird es deshalb schon gleich nach dem ersten Advent hergestellt.

Tip *Kinder mögen Bärentatzen noch lieber, wenn sie mit Schokolade überzogen sind. Dazu nimmt man am besten Kuvertüre, die nach Packungsaufschrift zubereitet wird.*

Badische Sonntagsküchle

4 Portionen à ca. 2235 kJ (535 kcal)

150 g Mehl, 50 g Zucker, abgeriebene Schale 1 unbehandelten Zitrone, 1 Prise Salz, je 1/8 l Milch und süße Sahne (Rahm), 3 Eier, 4 Eßl. trockener Weißwein, Schweine- oder Butterschmalz zum Ausbacken, Puderzucker zum Bestäuben.

Mehl, Zucker, die Hälfte der Zitronenschale und Salz in einer Schüssel mischen. In einem dünnen Strahl Milch und Sahne einlaufen lassen, dabei ständig mit dem Schneebesen rühren.
Die aufgeschlagenen Eier und den Weißwein unter den Teig ziehen. Den Teig weiterrühren, bis sich der Zucker ganz aufgelöst hat. Den Teig dann noch 10 Minuten quellen lassen.
In einer kleinen Pfanne von ca. 16 cm Bodendurchmesser das Schmalz rauchheiß werden lassen und hauchdünne Pfannkuchen ausbacken. Jeweils einmal zusammenschlagen, auf Portionstellern anrichten, mit der restlichen Zitronenschale und dem Puderzucker bestreuen.
Dazu reicht man ganz schwach gezuckerte, aber mit etwas Kirschwasser oder Himbeergeist parfümierte Schlagsahne und im Sommer frische Beeren.
Eine ganz besondere Köstlichkeit sind gemischte Waldbeeren, in einer eisgekühlten Melone serviert.

Kartäuserklöße

4 Portionen à ca. 1500 kJ (360 kcal)

4 altbackene runde Semmeln (Brötchen), 1/4 l Milch, 2 Eigelb, 2 Eßl. Zucker, ausgeschabtes Mark 1/2 Vanilleschote, abgeriebene Schale 1/2 unbehandelten Zitrone, 1 Eiweiß, 1 Teel. Wasser, 1 Teel. Zitronensaft, 4 Eßl. Semmelbrösel, Öl oder Kokosfett zum Ausbacken, Zimtzucker nach Belieben.

Von den Semmeln rundherum die Kruste abreiben (später als Semmelbrösel verwenden). Milch mit Eigelb, Zucker, Vanillemark und Zitronenschale verquirlen. Semmeln in eine Schüssel legen und mit der Milch begießen. Sie müssen die Flüssigkeit ganz aufnehmen.
Das Eiweiß mit Wasser und Zitronensaft verquirlen. „Klöße" vorsichtig ausdrücken und zuerst in Eiweiß, dann in Semmelbröseln wenden.
In einer tiefen Pfanne reichlich Öl oder Kokosfett rauchheiß werden lassen und die „Klöße" darin rundherum goldgelb backen. Mit einem Schaumlöffel herausheben, gut abtropfen lassen und mit Zimtzucker bestreut sofort servieren.
Dazu kann man beliebiges Kompott oder auch eine Fruchtsoße aus passiertem Obst reichen.
Variation: Eine Soße, die gut zu Kartäuserklößen schmeckt: 3/8 l Rotwein mit 3 Teel. Zucker, 1 Prise Nelken, einem Stück Zimt und etwas Zitronenschale um etwa die Hälfte einkochen lassen. Zimtstange und Zitronenschale entfernen und die Soße über die Klöße gießen.

Badische
Sonntagsküchle

Hefeknödel mit Kirschen

4 Portionen à ca. 2645 kJ (630 kcal)

300 g Mehl, 25 g Hefe, 50 g Zucker, knapp ⅛ l lauwarme Milch, 120 g Butter, 300 g dunkle Süßkirschen, Mehl zum Formen, Salzwasser.

Mehl in eine Schüssel geben und in die Mitte eine Vertiefung drükken. Hefe hineinbröckeln und mit etwas Zucker und Milch zum Vorteig verrühren. Zugedeckt 15 Min. gehen lassen.
Dann den restlichen Zukker, die restliche Milch und 40 g zerlassene Butter dazugeben. Den Teig so lange kneten, bis er Blasen wirft. Mit einem Küchentuch bedeckt noch mal 30 Minuten gehen lassen. Mit einem Eßlöffel kleine Teigstücke aufnehmen, auf ein bemehltes Brett legen und zum drittenmal gehen lassen, etwa 20 Minuten.
In der Zwischenzeit die Kirschen waschen, gründlich abtropfen lassen, entstielen und entsteinen.
Die Teigstücke mit bemehlten Händen von innen her zu flachen Küchlein auseinanderziehen und jeweils etwa 6 bis 8 Kirschen hineingeben. Den Teig darüber zusammenfalten und zu Knödeln formen.
Reichlich Salzwasser zum Kochen bringen, Knödel einlegen und etwa 10 Min. mehr sieden als kochen lassen, bis sie oben schwimmen. Mit einem Schaumlöffel herausnehmen und in eine vorgewärmte Schüssel geben.
Nebenher die restliche Butter in einem Pfännchen bräunen. Die Knödel damit übergießen und sofort servieren.

Tip *Man kann die Hefeknödel auch als Hauptgericht nach einer Suppe servieren, dann reicht man noch 250 g mit etwas Sahne, Zucker und Zitronensaft angemachten Quark dazu.*

Schwarzwälder Kirschcreme

4 Portionen à ca. 2775 kJ (665 kcal)

70 g altbackenes Vollkornbrot, 4 cl Kirschwasser, 500 g dunkle Sauerkirschen (Schattenmorellen), ⅛ l Rotwein, ½ Zimtstange, 100 g Zucker, 1 Eßl. Speisestärke, 3 Blatt weiße Gelatine,

Das Brot reiben oder im Mixer grob zerkleinern. Mit 2 cl Kirschwasser mischen und zugedeckt beiseite stellen.
Sauerkirschen waschen, entstielen und entsteinen. Mit Rotwein, Zimtstange und 25 g Zucker zum Kochen bringen. Speisestärke mit etwas Wasser glattrühren und die Flüssigkeit damit binden. Abkühlen lassen und die Zimtstange entfernen.
Die Gelatine zusammenrollen und in kaltem Wasser einweichen.
Milch mit der Vanilleschote und dem ausgeschabten Mark zum Kochen bringen. Eigelb mit dem restlichen Zucker schaumig rühren, dann in einem

¼ l Milch,
½ aufgeschnittene Vanilleschote,
3 Eigelb,
¼ l süße Sahne,
50 g geriebene Haselnüsse,
4 Stücke Borkenschokolade zum Garnieren.

dünnen Strahl die Milch, aus der die Vanilleschote entfernt wurde, einlaufen lassen, dabei ständig kräftig schlagen. Masse etwas abkühlen lassen, dann die ausgedrückte Gelatine darin auflösen. Creme in den Kühlschrank stellen.
Sahne steifschlagen und – sobald die Vanillecreme fest zu werden beginnt – mit dem restlichen Kirschwasser unterziehen.
Vollkornbrot und Haselnüsse vermischen.
Als erstes nun eine dünne Schicht Kirschen in vier Servierschälchen geben, darüber etwas Creme und diese mit der Brot-Nuß-Mischung bestreuen. Den Vorgang wiederholen und zum Schluß alles mit Creme bedecken. Bis zum Servieren kühl stellen. Dann erst mit der Borkenschokolade garnieren.
Dieses sehr üppige Dessert nach einem leichten Hauptgang reichen.

Mirabellen-Sorbet

4 Portionen à ca. 840 kJ (200 kcal)

400 g vollreife Mirabellen,
⅛ l Wasser,
100 g Zucker,
1 unbehandelte Zitrone,
2 Eiweiß,
4 cl Mirabellengeist.

Die Mirabellen gründlich waschen, abtropfen lassen, halbieren und entsteinen. Zusammen mit dem Wasser, dem Zucker und der hauchdünn abgeschälten Zitronenschale zugedeckt ganz weich kochen. Dann die Zitronenschale entfernen und die Früchte durch ein Sieb streichen und abkühlen lassen.
Eiweiß halbsteifschlagen und zusammen mit dem ausgepreßten Zitronensaft und dem Mirabellengeist unter das Fruchtmus ziehen. Dieses in einer Metallschüssel ins Gefrierfach stellen und die Masse erstarren lassen. Dabei hin und wieder mit einer Gabel umrühren, damit sich keine zu großen Eiskristalle bilden und das Sorbet weich und cremig bleibt. Das Sorbet in Portionsgläser verteilen und sofort servieren.
Dazu kann man dann ganz zartes Gebäck wie z. B. Hohlhippen reichen.
Hinweis: Sorbets gehören ganz sicher nicht zu den klassischen Desserts der alemannischen Küche, auch wenn hier und da behauptet wird, der berühmte Türken-Louis, der im 17. Jahrhundert vor Wien gegen die osmanischen Heere kämpfte, habe das Rezept mit nach Baden gebracht. Auf jeden Fall stehen Sorbets häufig auf den Speisekarten guter Restaurants, denn das badische Obst, kombiniert mit dem entsprechenden „Wässerchen", ist dafür wie geschaffen.

Gestürzter Apfelkuchen

Insgesamt ca.
10865 kJ (2595 kcal)

**1 Paket TK-Blätterteig (300 g),
Mehl zum Ausrollen,
750 g kleine säuerliche Äpfel,
200 g Zucker,
½ Teel. Zimt,
40 g Butter.**

Den Blätterteig laut Packungsaufschrift auftauen lassen. Die Blätter übereinanderlegen und im Durchmesser von 26 cm rund ausrollen.
Die gewaschenen Äpfel schälen, vierteln, entkernen und von Stengelansätzen und Blüten befreien.
Zucker in eine große, tiefe Pfanne von etwa 20 cm Bodendurchmesser schütten und langsam bei ganz schwacher Hitze schmelzen. Dann den Zimt darüberstreuen und die Butter in gleichmäßigen, kleinen Flöckchen daraufsetzen. Die Apfelviertel dicht nebeneinander darüber verteilen. Sobald der Zucker zu bräunen beginnt, die Äpfel mit dem Teig bedecken und den Teig einige Male mit einer Gabel einstechen.
Die Pfanne in den vorgeheizten Backofen (220°, Gas Stufe 4) schieben und den Kuchen 12 bis 15 Minuten backen. 5 Minuten in der Pfanne ruhen lassen, dann auf eine Kuchenplatte stürzen und noch warm servieren.
Der Kuchen kann mit ungesüßter Schlagsahne sowohl als Dessert als auch als Kaffeegebäck serviert werden.

Versoffene Jungfern

4 Portionen à ca.
1620 kJ (385 kcal)

**3 altbackene Semmeln (Brötchen),
gut ¼ l Apfelmost oder trockener Weißwein,
75 g Mehl,
⅛ l Milch,
2 Eier,
40 g Zucker,
abgeriebene Schale ½ unbehandelten Zitrone,
Öl oder Kokosfett zum Ausbacken,
Zimtzucker nach Belieben.**

Die Semmeln je nach der Form in vier oder in sechs möglichst gleichgroße Stücke schneiden, in eine Schüssel legen und mit Apfelmost oder Wein übergießen. Sie sollen die Flüssigkeit ganz aufnehmen.
In der Zwischenzeit aus Mehl, Milch, Eiern, Zucker und Zitronenschale einen dünnflüssigen Pfannkuchenteig zubereiten.
Das Fett in einem Fritiertopf oder in einer Friteuse auf 170 bis 180° erhitzen. Die Semmelstücke durch den Ausbackteig ziehen und immer 4 auf einmal in dem Fett schwimmend goldgelb ausbacken. Mit einem Schaumlöffel herausnehmen, gut abtropfen lassen, in Zimtzucker wälzen oder damit bestreuen und sofort servieren.
Wer die Kalorien nicht scheut, kann dazu noch eine Weinschaumsoße reichen.

Gestürzter Apfelkuchen

Kaiserstühler Schneeberg

4 Portionen à ca. 1130 kJ (270 kcal)

½ Vanilleschote, 80 g Zucker, ½ l vollmundiger Weißwein, ⅛ l Wasser, 1 Eßl. Zitronensaft, 4 Eier, 1 Eßl. Speisestärke, Margarine zum Einfetten, 1 Eßl. Mandelstifte.

Vanilleschote aufschneiden, das Mark herausschaben, mit 20 g Zucker mischen und beiseite stellen.
Wein und Wasser mit Zitronensaft, der Vanilleschote und dem restlichen Zucker in einem Topf so lange erwärmen, bis sich der Zucker ganz aufgelöst hat. Etwas abkühlen lassen, dann die Vanilleschote entfernen.
Die Eier trennen. Eigelb mit etwas Wein-Wasser-Mischung und der Speisestärke verquirlen und in die übrige Mischung rühren. Den Topf auf den Herd stellen und die Mischung bei milder Hitze unter ständigem Schlagen mit dem Schneebesen bis kurz vorm Kochen erhitzen, aber nicht aufkochen lassen, sonst gerinnt das Eigelb. Die Masse dann kalt schlagen.
Das Eiweiß mit dem Vanillezucker zu steifem Schnee schlagen. Eine Auflaufform dünn einfetten, die Eigelbcreme einfüllen und das Eiweiß darüber verteilen. Mit den Mandelstiften bestreuen und 10 Minuten in dem vorgeheizten Backofen (220°, Gas Stufe 4) überbacken. Heiß servieren.

Rotweinbirnen mit Rahmcreme

4 Portionen à ca. 1435 kJ (345 kcal)

1 Becher süße Sahne (Rahm) von 200 g, 2 Eigelb, 80 g Zucker, ausgeschabtes Mark ¼ Vanilleschote, 2 Blatt weiße Gelatine, 4 reife, aber feste Tafelbirnen, gut ¼ l Spätburgunder Rotwein, ½ Zimtstange, 3 Nelken, 1 Teel. Speisestärke.

Rahm mit Eigelb, 30 g Zukker und Vanillemark in einer Schüssel mischen. Im heißen Wasserbad schaumig aufschlagen, bis sich der Zucker ganz gelöst hat. Nebenher die Gelatine in kaltem Wasser einweichen.
Den Rahmschaum aus dem Wasserbad nehmen, die ausgedrückte Gelatine darin auflösen, die Mischung dann so lange weiterschlagen, bis sie abgekühlt ist. In den Kühlschrank stellen und fest werden lassen.
In der Zwischenzeit die Birnen zubereiten. Die gewaschenen Früchte schälen, dabei aber die Stiele nicht entfernen. Die Blüten jedoch herausschneiden. Rotwein mit dem restlichen Zucker, der Zimtstange und den Nelken aufkochen, die Birnen einlegen und zugedeckt bei nicht zu starker Hitze in 15 Minuten weich kochen. Dabei hin und wieder wenden, damit sie gleichmäßig rot werden. Die Birnen herausnehmen, abtropfen lassen und

auf Portionstellern anrichten.
Die Kochflüssigkeit um etwa die Hälfte reduzieren. Dann erst Zimt und Nelken entfernen. Speisestärke mit etwas Rotwein oder Wasser anrühren und die Flüssigkeit damit binden. Die Soße um die Birnen gießen. Die Rahmcreme mit zwei Eßlöffeln als Klöße abstechen und dazu legen.
Dieses Dessert eignet sich vorzüglich als Abschluß eines Wildessens.

Tip *Die Rotweinbirnen allein sind eine sehr gute Beilage zu Wildbraten aller Art.*

Großmutters Schneebälle

4 Portionen à ca. 1195 kJ (285 kcal)

4 Eier,
1 Prise Salz,
2 Teel. Zitronensaft,
120 g Zucker,
½ l Milch,
1 Vanilleschote.

Die Eier trennen. Eiweiß mit Salz und einigen Tropfen Zitronensaft zu ganz steifem Schnee schlagen, dabei nach und nach 40 g Zucker einrieseln lassen. Das Eiweiß so lange schlagen, bis sich der Zucker ganz aufgelöst hat.
In einem großen, weiten Topf Wasser zum Kochen bringen. Mit einem Eßlöffel große Klöße von dem Eischnee abstechen, auf dem Wasser schwimmend in 5 Minuten garziehen lassen. Das Wasser darf dabei nicht mehr kochen.
Die Klöße während des Garens zwei- bis dreimal wenden. Dann mit einem Schaumlöffel herausnehmen, auf einen Kuchendraht setzen und abkühlen lassen.
Nebenher die Milch mit der aufgeschnittenen, ausgeschabten Vanilleschote und dem Vanillemark aufkochen. Eigelb mit 50 g Zucker dickschaumig aufschlagen, dann in einem dünnen Strahl die heiße Milch, aus der die Schote entfernt wurde, einlaufen lassen. Dabei weiterschlagen, damit eine cremige Soße entsteht.
Den restlichen Zucker bei nicht zu starker Hitze in einer beschichteten Pfanne schmelzen und bräunen lassen. Tropfenweise den restlichen Zitronensaft zufügen, damit die Karamelmasse geschmeidig wird.
Die Schneebälle auf vier Portionsteller verteilen und mit heißer Karamelmasse beträufeln. Mit der Vanillesoße umgossen sofort servieren.
Zusätzlich kann man noch frische, ungezuckerte Beeren oder auch ein Püree aus frischem Obst reichen.

Schwarzwälder Kirschtorte

12 Stücke à ca. 2670 kJ (640 kcal)

Für den Schokoladenbiskuit:
6 Eigelb,
6 Eßl. Wasser,
150 g Zucker,
ausgeschabtes Mark ½ Vanilleschote,
6 Eiweiß,
1 Prise Salz,
100 g Mehl,
50 g Speisestärke,
25 g Kakao,
Margarine zum Einfetten.

Für den Mürbeteigboden:
125 g Mehl,
1 Eigelb,
65 g Zucker,
abgeriebene Schale ½ unbehandelten Zitrone,
1 Prise Salz,
65 g kühle Butter oder Margarine.

Außerdem:
100 g Sauerkirsch- oder Himbeerkonfitüre,
⅛ l Kirschwasser,
1 Glas entsteinte Sauerkirschen (460 g),
20 g Zucker,
10 g Speisestärke,
2 Blatt glatte Gelatine,
1 l Sahne,
40 g Puderzucker,
50 g Schokoladenspäne zum Garnieren.

Für den Schokoladenbiskuit Eigelb mit Wasser, Zucker und Vanillemark dickschaumig aufschlagen, bis sich der Zucker ganz aufgelöst hat.
Eiweiß mit Salz zu schnittfestem Schnee schlagen und auf die Eigelbmasse gleiten lassen. Mehl, Speisestärke und Kakao darübersieben. Alles locker, aber gründlich mischen.
Eine Springform von 26 cm Durchmesser einfetten und den Teig einfüllen. Im vorgeheizten Backofen (180°, Gas Stufe 2) 30 Min. backen.
In der Zwischenzeit den Mürbeteig bereiten. Das Mehl auf eine Arbeitsfläche geben, in die Mitte eine Vertiefung drücken und das Eigelb hineingleiten lassen. Mit Zucker, Zitronenschale und Salz bestreuen. Butter oder Margarine in Flocken auf den Rand setzen. Mit kühlen Händen von außen nach innen zu einem geschmeidigen Teig kneten (oder alle Zutaten mit den Knethaken der Küchenmaschine verarbeiten, dann sollte das Fett aber zimmerwarm sein).
Den Teig zugedeckt 30 Minuten im Kühlschrank ruhen lassen.
Den Schokoladenbiskuit aus der Form lösen, auf einem Kuchendraht abkühlen lassen, dann mit einem scharfen, großen Messer oder einem starken Zwirnsfaden in der Mitte längs durchschneiden.
Den Mürbeteig mit den Händen in die Springform drücken und bei 220° (Gas Stufe 4) 25 Minuten backen. Aus der Springform lösen und ebenfalls auf dem Kuchendraht abkühlen lassen.
Die Sauerkirschkonfitüre oder die zuvor durch ein ganz feines Haarsieb gestrichene Himbeerkonfitüre mit 2 Eßl. Kirschwasser verrühren.
Die Kirschen über einem Sieb abgießen, den Saft aber auffangen und mit dem Zucker aufkochen. Die Speisestärke mit etwas Wasser glattrühren und den Saft damit binden.
Die Kirschen hineingeben und die Mischung abkühlen lassen. Dann knapp die Hälfte des restlichen Kirschwassers unterrühren.
Die Gelatine in kaltem Wasser einweichen.
Sahne steifschlagen, dabei den Puderzucker einrieseln lassen. Gelatine tropfnaß in einen Topf geben, bei milder Hitze auflösen. In die Sahne rühren. Sahne mit 2 Eßl. Kirschwasser parfümieren.
Den Mürbeteigboden mit der Konfitüre bestreichen

Schwarzwälder
Kirschtorte

und einen Schokoladenboden darauflegen. Diesen mit etwas Kirschwasser beträufeln und mit Kirschen bestreichen. Darüber nun die Hälfte der Schlagsahne streichen und den zweiten Boden darauflegen. Mit dem noch übrigen Kirschwasser beträufeln. Die Torte nun mit der restlichen Schlagsahne überziehen und mit den Schokoladenspänen garnieren. In 12 Stücke teilen.
Diese Kirschtorte ist das Kaffeegebäck im Schwarzwald und darf auch bei keinem Fest fehlen.

Schwäbischer Pfitzauf

4 Portionen à ca. 2170 kJ (520 kcal)

250 g Mehl,
½ l Milch,
4 Eier,
1 Prise Salz,
abgeriebene Schale 1 unbehandelten Zitrone,
50 g zerlassene Butter,
Butter zum Einfetten,
Puderzucker zum Bestäuben.

Mehl in eine Schüssel sieben. Die Milch unter ständigem Rühren mit dem Schneebesen einlaufen lassen, dann die aufgeschlagenen Eier, das Salz, die Zitronenschale und zum Schluß die zerlassene Butter unterrühren. Den Teig 10 Min. ausquellen lassen.
Eine original Pfitzauf-Form (mit vier Vertiefungen) oder 4 kleine Auflaufförmchen mit Butter einfetten und den Teig hineingießen. Im vorgeheizten Backofen (220°, Gas Stufe 4) in 30 Minuten hellbraun backen. Dabei die Ofentür nicht öffnen.
Pfitzauf auf Portionsteller stürzen und mit Puderzucker bestäuben. Heiß mit Kompott als Dessert servieren. Oder kalt mit Schlagsahne als Kaffeegebäck reichen.

Eier-Parfait mit Himbeergeist

4 Portionen à ca. 2140 kJ (510 kcal)

4 Eigelb von ganz frischen Eiern,
125 g Zucker,
ausgeschabtes Mark ¼ Vanilleschote,
⅜ l süße Sahne,
6 cl Himbeergeist.

Eigelb mit Zucker und Vanillemark in einer Schüssel verrühren, dann in einem nicht zu heißen Wasserbad dickschaumig aufschlagen. Aus dem Wasserbad heben und kaltschlagen. Im Kühlschrank ganz abkühlen lassen.
Die Sahne steifschlagen und löffelweise die Eigelbcreme und 4 cl Himbeergeist unterrühren. Alles in eine Schüssel füllen und in 2–3 Stunden zugedeckt im Gefrierfach fest werden lassen.
Mit zwei Eßlöffeln eiförmige Kugeln formen und auf Portionstellern anrichten. Mit dem restlichen Himbeergeist beträufelt sofort servieren.
Eier-Parfait mit Hohlhippen oder zarten Waffeln und einem halbtrockenen Sekt reichen.

Bierewecke

(Birnenbrot)

Insgesamt ca.
36 640 kJ (8755 kcal)

1000 g getrocknete Birnenschnitze (Dörrbirnen),
500 g Roggenmehl,
500 g Weizenmehl,
50 g Hefe,
250 g gehackte Hasel- oder Walnußkerne,
1 Teel. gemahlener Zimt,
½ Teel. gemahlene Nelken,
¼ Teel. gemahlener Anis,
1 Teel. Salz,
1/10 l Kirschwasser oder Birnengeist,
Butter oder Margarine zum Einfetten.

Die Birnenschnitze in einen hohen Topf geben und eben mit Wasser bedecken. Einmal kurz aufkochen, dann 10 Minuten ziehen lassen und abgießen. Das Kochwasser auffangen und ¼ l abmessen.
Beide Mehlsorten in eine Schüssel sieben und in die Mitte eine Vertiefung drücken. Die Hefe hineinbröckeln und mit etwas lauwarmem Kochwasser und etwas Mehl zum Vorteig verrühren. Mit einem Küchentuch bedeckt an einem warmen Ort 15 Minuten gehen lassen.
Dann das restliche abgemessene Kochwasser und die Birnenschnitze zufügen. Zu einem glatten Teig kneten und diesen zugedeckt mindestens 30 Minuten gehen lassen.
Jetzt die Nüsse, die Gewürze und das Kirschwasser oder den Birnengeist zufügen.
Eine große Kastenform einfetten, den Teig einfüllen und noch einmal 30 Minuten gehen lassen.
Die Form in den vorgeheizten Ofen (180°, Gas Stufe 2) schieben und den Bierewecke 2 Std. backen. Kühl und trocken aufbewahren.
Hinweis: Traditionell wird der Bierewecke um den Nikolaustag herum gebacken, in Strohkörben aufgehoben und zu Weihnachten angeschnitten. Er hält sich bis weit ins neue Jahr hinein.
Serviert wird er zu vielen Gelegenheiten: Zum Viertele Wein, mit halbsteifer Sahne und einem Täßchen Mokka als Dessert oder als nachmittägliches Kaffeegebäck.
Einen ähnlichen Stellenwert hat – zumindest in Baden – die auf Seite 138 beschriebene Linzer Torte.
Variation: Im Allgäu vermengt man nur gut die Hälfte des Grundteigs mit Birnenschnitzen und zum Teil noch ganzen Haselnüssen. Der übrige Teig wird ausgerollt und wie eine Hülle um den Würzteig geschlagen. Dann werden mit einer Gabel oder einem Holzstäbchen Löcher in diese Hülle gestochen, damit beim Backen der sich im Inneren bildende Dampf entweichen kann.

Tip *Normalerweise geben Bäcker nicht gern Brotteig ab. In Baden und Schwaben machen sie aber dem Bierewecke wegen in der Adventszeit schon einmal eine Ausnahme.*

Kirschenplotzer

Insgesamt
15920 kJ (3805 kcal)

1500 g dunkle Süßkirschen,
125 g Mandeln,
200 g altbackenes Vollkornbrot,
gut 1/8 l trockener Weißwein,
4 cl Kirschwasser,
6 Eigelb,
125 g Butter oder Margarine,
200 g Zucker,
1 Eßl. Kakao,
1/2 Teel. Zimtpulver,
6 Eiweiß,
1 Prise Salz,
Margarine zum Einfetten,
Semmelbrösel zum Ausstreuen.

Die Kirschen waschen, gut abtropfen lassen, entstielen und über einer Schale entsteinen. Steine abtropfen lassen, den Saft auffangen.
Mandeln mit kochendem Wasser überbrühen, abziehen und zusammen mit dem in Scheiben geschnittenen Brot durch die Mandelmühle drehen. Mit Kirschsaft, Wein und Kirschwasser vermischen.
Eigelb mit Butter und Zucker schaumig rühren, dann nach und nach die Brot-Mandel-Mischung, Kakao und Zimt untermischen. Eiweiß mit Salz zu steifem Schnee schlagen und ebenfalls unterziehen. Zum Schluß die Kirschen in den Teig geben.
Eine große Springform gut mit Margarine einfetten und mit Semmelbröseln ausstreuen. Teig einfüllen und den Kirschenplotzer im vorgeheizten Backofen (180°, Gas Stufe 2) 60 Minuten backen. Auf einem Kuchendraht abkühlen lassen.
Kirschenplotzer entweder mit etwas halbsteif geschlagener Sahne als Dessert oder „solo" als Kaffeegebäck reichen.

Ofenschlupfer

4 Portionen à ca.
3045 kJ (725 kcal)

6 altbackene Brötchen,
3 Eier,
1/2 l Milch,
1/4 l Sahne,
4 Eßl. Zucker,
ausgeschabtes Mark 1 Vanilleschote,
1 Prise Salz,
1/2 Teel. Zitronensaft,
4 große, säuerliche Äpfel,
20 g Butter,
Puderzucker zum Bestäuben.

Brötchen in dünne Scheiben schneiden. Eier trennen, Eigelb mit Milch, Sahne, Zucker und Vanillemark verquirlen und über die Brötchenscheiben gießen. So lange stehen lassen, bis das Brot die Flüssigkeit ganz aufgesogen hat.
Eiweiß mit Salz und Zitronensaft zu ganz steifem Schnee schlagen. Äpfel schälen, mit dem Ausstecher die Kerne entfernen und die Äpfel in 5 mm dicke Scheiben schneiden. Sofort unter den Eischnee heben.
Eine feuerfeste Form mit der Butter einfetten und – mit Brotscheiben beginnend – die Zutaten lagenweise einschichten. Den Abschluß sollten Apfelscheiben in Eischnee bilden.
Die Form in den vorgeheizten Ofen (220°, Gas Stufe 4) schieben und den Ofenschlupfer in etwa 45 Min. garen. Mit Puderzucker bestäubt in der Form servieren.
Dazu kann man beliebiges Kompott reichen.
Variation: Sehr dünn geschnittene Brötchen-

Kirschenplotzer

scheiben und Apfelscheiben abwechselnd in eine üppig ausgebutterte Auflaufform schichten. Eier, Milch, Sahne, Zucker und Vanillemark verrühren und darübergießen. Nach Belieben noch einige Rosinen dazugeben. Mit Butterflöckchen besetzt im Backofen bei 220° (Gas Stufe 4) 45 Minuten backen. Den fertigen Ofenschlupfer mit Zimtzucker bestreuen.
Wenn man die Apfelscheiben wegläßt und dafür eine Mischung aus Weinbeeren und Sultaninen zwischen die Brotscheiben streut, hat man den schwäbischen ,,Scheiterhaufen". Er wird mit Butterflöckchen belegt 30 Minuten bei 180° (Gas Stufe 2) gebacken.

Tip *Beide Rezepte kann man getrost in doppelter Menge zubereiten, denn kalte Reste schmecken ausgezeichnet mit Konfitüre als Frühstücksgebäck. Oder man reicht dazu eine warme Vanille-Schaumsoße.*

Linzer Torte badische Art

Insgesamt
23640 kJ (5650 kcal)

300 g Mehl,
250 g Butter,
200 g Zucker,
200 g gemahlene Mandeln (nach Belieben auch Haselnüsse oder Walnüsse),
1 Teel. Zimt,
1 Msp. gemahlene Nelken,
1 Eßl. Kakao,
1 Ei,
2 Eßl. Kirschwasser,
Mehl zum Ausrollen,
100 g Johannisbeergelee zum Bestreichen,
1 Eigelb zum Bestreichen.

Mehl auf die Arbeitsfläche geben und in die Mitte eine Vertiefung drücken. Die gut gekühlte Butter in Flöckchen auf den Rand setzen. Zucker, Mandeln, Gewürze, Kakao, Ei und Kirschwasser in die Vertiefung geben.
Mit kühlen Händen rasch von außen nach innen einen festen, glatten Teig kneten. (Oder alle Zutaten zusammen in die Küchenmaschine geben und mit den Knethaken verarbeiten, dann muß die Butter aber weich sein.)
Den Teig zugedeckt in einer Schüssel 60 Minuten im Kühlschrank ruhen lassen.
Dann ⅔ der Teigmenge auf der bemehlten Arbeitsfläche rund ausrollen und eine runde Form von 26 cm Durchmesser damit ausfüttern. Teigboden mehrmals mit der Gabel einstechen und mit Johannisbeergelee bestreichen.
Den restlichen Teig dünn ausrollen und mit dem Kuchenrad in Streifen teilen. Diese gitterartig auf die Torte legen und mit dem verquirlten Eigelb bestreichen. Die Torte im vorgeheizten Backofen (160°, Gas Stufe 1) etwa 50 Minuten backen, anschließend in der Form abkühlen lassen.
In Baden wird Linzer Torte sowohl als Kaffee-

gebäck wie auch zum Wein angeboten. Kühl und trocken aufbewahrt hält sie sich etwa 3 Wochen.
Hinweis: Diese Linzer Torte stammt aus der Zeit, als Baden zu Österreich gehörte und ist üppiger als das österreichische Pendant. Viele Hausfrauen, besonders auf dem Land, haben nach alter Tradition auch heute stets eine Linzer Torte auf Vorrat im Haus, um überraschendem Besuch immer etwas Gutes vorsetzen zu können.

Gelbe-Rüben-Torte

Insgesamt 15 840 kJ (3785 kcal)

400 g ganz junge gelbe Rüben (Möhren), 250 g süße Mandeln, 8 Eier, 250 g Zucker, ausgeschabtes Mark ½ Vanilleschote, abgeriebene Schale ½ unbehandelten Zitrone, 1 Prise Salz, 1 Teel. Zitronensaft, 2 cl Kirschwasser, Margarine zum Einfetten, Puderzucker zum Bestäuben, 12 winzige Marzipanmöhren zum Garnieren.

Die gelben Rüben (Möhren) schälen und fein reiben. Die Mandeln mit kochendem Wasser überbrühen, abziehen und durch die Mandelmühle drehen. Mit den Möhren mischen.
Eier trennen und die Eiweiß in einer Schüssel zugedeckt in den Kühlschrank stellen.
Eigelb mit dem Zucker so lange schaumig rühren, bis sich der Zucker ganz gelöst hat. Dann nach und nach Vanillemark, Zitronenschale und die Rüben-Mandel-Mischung dazugeben.
Eiweiß mit Salz und Zitronensaft zu ganz steifem Schnee schlagen und locker, aber gründlich unter die Rübenmasse ziehen, erst ganz zum Schluß den Zitronensaft und das Kirschwasser unterrühren.
Eine Springform von 26 cm Durchmesser gut mit Margarine einfetten und den Teig einfüllen. Den Backofen auf 200° (Gas Stufe 3) vorheizen und die Torte darin 60 Minuten backen. In der Form etwas abkühlen lassen, dann zum Erkalten auf einen Kuchendraht setzen. Mit Puderzucker überstäuben, 12 Stücke markieren und jedes mit einer Marzipanmöhre garnieren.
Hinweis: Man sollte die Torte übrigens so frisch wie möglich servieren. Bleibt doch einmal ein Rest übrig, kann man ihn mit Folie bedeckt im Kühlschrank aufbewahren.

Tip *Diese Torte ist besonders saftig und schmeckt darum ohne Marzipangarnierung auch zu einem lieblichen Wein.*

Alphabetisches Rezeptverzeichni

A

B

D

E

F

G

Bildquellen

Archiv für Kunst und Geschichte: Seite 4/5
Sirius Bildarchiv: Seiten 8/9, 13, 21, 44 (unten), 49, 52/53, 57, 61, 65, 69, 76/77, 85, 89, 116/117, 125, 129, 133